LES CONTRATS MINIERS :

Essai sur une théorie générale du droit des contrats miniers au Cameroun

Léon Roger Zam

LES CONTRATS MINIERS :

Essai sur une théorie générale du droit des contrats miniers au Cameroun

Préface Zambo Zambo Dominique Junior

L'Harmattan

5-7, rue de l'École-Polytechnique 75005 Paris

http://www.librairieharmattan.com

ISBN : 978-2-14-026901-1
EAN : 9782140269011

PREFACE

Tel qu'il est formulé, l'intitulé de cet ouvrage suggère au moins deux types d'analyse. D'une part, une étude historique de la notion de « contrats miniers » à partir des textes dans lesquels ils s'insèrent et qui les confèrent leur signification. L'intitulé suggère d'autre part une étude du concept de « *contrats miniers* » sous l'angle des circonstances dans lesquelles ils sont élaborés. Il s'agira alors d'analyser la relation que les concepts juridiques, définis par les différents interprètes du droit, entretiennent avec les phénomènes qui les entourent. Si la notion de « *contrats miniers* » n'est pas un concept nouveau dans le langage juridique contemporain, il faut dire que ce concept connait un certain renouveau depuis quelques temps. Il suffit pour s'en convaincre de remarquer qu'il occupe de plus en plus une place de choix dans l'actualité politique, juridique et même sociale. On note en effet que depuis la promulgation de la Loi n°2016/017 portant Code Minier au Cameroun, il y'a une volonté affirmée, une volonté visible et lisible du législateur de garantir la sécurité juridique des transactions dans le secteur minier par une amélioration du régime juridique applicable aux contrats miniers. En scrutant un peu plus profondément cette nouvelle loi, l'auteur de cet ouvrage s'est proposé de systématiser une théorie générale du « *droit des contrats miniers* » en essayant d'établir le régime juridique applicable à chaque catégorie de contrats miniers. Une des tâches quotidiennes du juriste consiste à donner un nom aux choses en fonction des règles juridiques applicables. Cette opération permettant au droit d'atteindre son but est la qualification. La tâche première du juriste devant un contrat consiste à lui donner un nom, à l'inclure dans une catégorie. Si un contrat est un prêt, il sera possible d'en attaquer les termes pour cause de lésion. Devant un contrat de service, une partie pourra procéder à la résiliation en tout temps, même avant terme. Au contraire, s'il fallait conclure qu'une entente ne satisfait pas les conditions d'existence des contrats miniers prévus dans la loi n°2016/017 portant Code Minier au Cameroun, la qualification innommée serait choisie. Le régime juridique applicable aux parties est donc radicalement différent selon le choix d'une qualification ou d'une autre.

Pour qu'un concept soit utile, au sein de la science du droit, il doit pouvoir mordre sur une réalité qu'on entend saisir. Le but de cet ouvrage est de montrer que loin d'être une notion unitaire, le concept de « *contrats miniers* » est en réalité plural. Car il permet de désigner des variétés de contrats, à la fonction et au régime distincts. Et c'est le mérite de l'auteur qui a su trouver les mots justes pour décrire une réalité qui ne se laisse pas facilement cerner. Les analyses proposées dans le présent ouvrage peuvent paraître exagérément subtiles : sans doute sont-elles, bien au contraire trop frustes pour rendre compte d'une réalité multiforme et encore mal connue et d'une problématique complexe et encore mal explorées. Si elles proposent quelques solutions, leur objectif a été plutôt de poser plus clairement quelques-uns des innombrables problèmes en cause. Étape sur la voie d'une réflexion qui reste à approfondir plutôt qu'étude monographique du sujet : tel est très modestement, l'ambition de cet ouvrage dont la rigueur de pensée peut inspirer tout juriste soucieux d'élucider quelques problèmes complexes posés par le droit des contrats miniers.

Professeur ZAMBO ZAMBO Dominique Junior

Agrégé de Droit, Professeur Titulaire,

Enseignant à l'Université de Yaoundé II-SOA

REMERCIEMENTS

Ma première gratitude va à celles et ceux qui ont cru à la pertinence de cet ouvrage et à ce propos, Je tiens à remercier le Professeur ZAMBO ZAMBO Dominique Junior pour sa lecture attentive, ses conseils éclairés et son appui indéfectible, sans lesquels ce livre n'aurait pas été rendu possible.

L'expression de ma gratitude se dirige ensuite l'endroit de certains responsables institutionnels qui ont facilité notre recherche documentaire, au premier rang desquels la Direction des Mines du Ministère des Mines, de l'Industrie et du Développement, représenté MIMBANG Victor Aristide, qui du fait de sa passion pour le secteur minier en général et le droit minier en particulier, a lu attentivement les premières ébauches du manuscrit et nous a fourni des informations spécifiques sur des points où la législation n'était très claire. Je remercie également OLINGA MOANTSOGA Georges Luc, Sous-Directeur du Cadastre Minier qui m'a offert des précieuses informations sur la législation cadastrale et les subtilités de celle-ci.

Qu'il me soit permis de dire toute ma gratitude à notre éditeur, L'Harmattan, pour sa confiance spontanément enthousiaste dans le projet d'édition de cet ouvrage

Je tiens aussi à remercier tous ceux et celles qui ayant pris une part, si modeste soit-elle, pendant l'élaboration de cet ouvrage. Du fond du cœur, un grand merci à ma famille, mes amis, qui m'ont toujours encouragé et qui ont considérablement contribué à faire de ce rêve une réalité : BALLA ESSOMBA Arthur Wilfrid, NKANJONE ELISEE, MEYABEM BOH Paule Vanessa, NGOUAN BOH BARBARA, le Docteur AKONO MINLO Ruben d'avoir bien voulu relire ce travail, Me TIAJO Jiogue Severin.

Je ne saurais oublier ma fiancée GUEDONG TEBOLESSA Annita Charnelle et ma fille NJIAWOUO ZAM Gabriella Kharyl qui par leur soutien inconditionnel et leurs mots me motive à poursuivre de telles aventures.

SOMMAIRE

« L'office de la loi est de nous protéger contre la fraude d'autrui, mais non pas de nous dispenser de faire usage de notre propre raison. »
Portalis, *Discours Préliminaire sur le Code Civil*

INTRODUCTION

« *Nous vivons de plus en plus contractuellement* » cette pensée est de JOSSERAND[1]. Ce qui caractérise le contrat en ce début de XXIème siècle, c'est en en effet son extrême vitalité[2]. Le contrat du droit romain et du libéralisme classique est un contrat isolé qui implique une double « indépendance » : indépendance des contractants d'avec les tiers et indépendance de l'activité privée et des services publics. Aujourd'hui le contrat tend à se répandre, c'est au contraire un contrat qui dépasse l'individu, soit qu'il l'englobe dans un groupement, soit qu'il le lie par des engagements réciproques aux services publics[3]. L'expansion du phénomène contractuel n'est pas seulement d'ordre quantitatif. Les contrats se diversifient et se spécialisent. Il n'y a plus aujourd'hui un type de vente, mais des types de vente obéissant à des régimes différents selon que le contrat est rural ou urbain, mobilier ou immobilier, interne ou international. Le contrat de transport, simplement évoqué par les rédacteurs du Code civil, connait autant de règles qu'il y'a de modes de locomotion puisqu'il faut, pour s'y retrouver, distinguer selon que le transport est routier, ferroviaire, maritime, fluvial, aérien ou encore multimodal. Le contrat de location n'échappe pas à ce tourbillon : qu'y-a-t-il de commun entre un bail rural

---

[1] « Aperçu général des tendances actuelles de la théorie des contrats », *RTD civ.* 1937. 1, spéc. 7. Plus général. *Un ordre juridique nouveau ? Dialogues avec L. Josserand*, éd. Mare et Martin, 2014, spéc. p. 259 s.
[2] COLLARD-DUTILLEUL (F.), DELEBECQUE (Ph.), *Contrats civils et commerciaux, Dalloz,* 11ème édition, 2019, pp 11.
[3]PIETTRE (A.), « La place de l'économie contractuelle dans l'économie française », In, *Économie rurale.* N°60, 1964. Groupements et contrats de commercialisation. pp. 3

de longue durée cessible et une location d'automobile pour quelques heures ? Et que dire de ces autres expressions de liberté contractuelles que sont les ententes, les consortiums, les alliances, les pactes extra statutaires ou encore les actions de concert ? Cette richesse du phénomène contractuel se renforce si l'on considère la volonté de concertation et de conciliation qui anime le monde contemporain. Les pouvoirs publics eux-mêmes préfèrent s'engager dans une politique contractuelle, plutôt que d'imposer par la loi ou le règlement telle ou telle mesure, et contribuent ainsi au nouvel essor du droit contractuel[4]. L'attention du juriste qui s'intéresse aux contrats miniers doit préalablement porté sur la classification juridique de la catégorie juridique dont relève cette catégorie de contrats. Comme le souligne le Doyen BATTIFOL, « *le travail quotidien du juriste consiste à déterminer la catégorie générale applicable à un cas concret ; c'est qualifier le cas concret* »[5]. Les classifications juridiques sont préalables à l'opération de qualification, laquelle consiste à rattacher le cas concret aux catégories préexistantes. « *C'est la qualification qui permet à la classification de jouer son rôle utilitaire* »[6]. Une telle démarche est conforme à la conception du contrat perpétuellement recréé pour chaque accord de volontés et devant s'analyser comme une création individuelle. Ainsi, la qualification en appelle à une analyse a posteriori du contenu du contrat afin de le rattacher à une catégorie abstraite et au régime juridique afférent. Mais il arrive que le contrat ne corresponde pas à un habit juridique existant, c'est-à-dire que les parties se seront « *aventurées sur le terrain de l'innomé* ». Le concept de dénomination est le pendant de la qualification. Pourtant PLANIOL a observé qu'il n'y a pas de contrats innomés dans le système juridique, et qu'il ne peut y en avoir dans la mesure où l'ordre juridique confère à tous les accords de volonté conformes à l'ordre public, sa sanction. Mais force est de constater que le nombre de contrats spéciaux soumis à des règles particulières s'est multiplié, rendant par là-même la technique de la qualification essentielle. La classification des contrats miniers dans la catégorie des contrats spéciaux civils et commerciaux n'a pas beaucoup retenu l'attention de la doctrine civiliste à cause de la distinction droit civil et droit public qui fait des ressources minérales, une chose dont les

---

[4] COLLARD-DUTILLEUL (F.), DELEBECQUE (Ph.), ibid.

[5] POULIQUEN (C.), « Le rôle de la volonté en matière de qualification des contrats », in, *Revue Juridique de l'Ouest,* 2000, volume 4, note 6

[6] POULIQUEN (C.), ibid.

auteurs de droit public ont toujours considéré comme relevant « *de la propriété de la nation* » et dont l'exploitation se faisait par voie de concession. Le mode d'attribution et d'aliénation des droits sur les ressources minérales peut avoir des conséquences importantes sur le droit des contrats miniers, tant lors de la conclusion du contrat que des transactions subséquentes sur les titres miniers. Tout système juridique est la production d'une histoire et d'une culture politiques déterminée, qui lui ont donné une organisation spécifique[7]. Et le droit minier ne fait pas exception à la règle. Il va donc sans dire que pour cerner le débat sur les contrats miniers, il y a lieu de se pencher sur l'histoire du droit minier à travers les divers systèmes juridiques contemporains. Il faut savoir qu'en France, un propriétaire possède un terrain et son sous-sol sauf dans le cas, prévu par le Code minier en 1810, où les ressources minières ou pétrolifères se trouvent dans le sous-sol. D'une manière générale, il existe le droit minier a été envisagé selon trois grandes conceptions : Le droit du propriétaire du sol[8], le droit de l'inventeur[9] et le droit de l'Etat[10].

Au Chili, les institutions de droit privé comme le droit propriété et ses démembrements inapplicables dans le domaine du droit des contrats miniers. A ce propos, un auteur affirme à ce sujet que : « *Le droit de propriété n'est pas toujours nécessaire pour expliquer les institutions liées aux biens ; l'erreur d'appliquer une telle institution du droit civil c'est sa chosification : commencer par les biens, donnant à son lien plus complet, comme nous l'avons constaté, la catégorie de principe ontologique. En droit public, il faut agir exactement en sens inverse : ne pas partir des biens, mais du pouvoir ; de la finalité du*

---

[7] MOOR (P.), « Le droit et ses limites : le juridique et le non-juridique », in, *Springer*, Octobre 2020, pp 1.

[8] Dans le système du propriétaire du sol, le propriétaire de la surface est le propriétaire du tréfonds. C'est le système qui est en vigueur aux Etats-Unis, avec de nombreuses exceptions. L'Etat est alors le propriétaire et loue le droit d'exploiter.

[9] Le droit de l'inventeur : la mine appartient à celui qui la découvre. C'est le système prussien de 1865.

[10] Le droit de l'Etat : Ce système connait deux formes. Dans la première forme dite droit domanial : Les gisements sont la propriété de l'Etat et font partie de son domaine. La recherche et l'exploitation de ces richesses nationales font l'objet de contrats passés avec l'Etat. C'est le système en vigueur au Proche-Orient. Dans la deuxième forme dit droit régalien, le sous-sol, la mine ou le gisement sont des « *RES nullius* ». C'est l'Etat qui attribue des droits et un délai d'usage et qui fixe les conditions d'exploitation. C'est le système français.

pouvoir sur les biens nommés publics. Pour ces raisons nous pouvons affirmer, dès maintenant, que l'institution de la propriété (malgré son riche contenu devant le droit civil) n'a ici, dans le droit minier (qui fait partie du droit public), aucun rôle pour définir la situation des minéraux. »[11]. Pour la science juridique chilienne, il est évident que le contenu la propriété de l'Etat n'est pas sur les mines ou sur les minerais en tant que biens que l'on veut s'approprier, mais plutôt sur l'activité que les particuliers pourraient développer autour de ces biens, c'est-à-dire, sur l'activité minière.

L'importance économique et politique des produits du sous-sol a très rapidement obligé la monarchie française à réglementer l'activité minière à son profit. Ce droit connaît d'importantes évolutions selon les moyens de contraintes de l'Etat : reposant sur une large part de liberté au moyen Age, il exige au fil du temps pour des hypothèses de plus en plus nombreuses une autorisation d'exploiter émanant de l'autorité royale. Cette « marche régalienne » est cependant ralentie par l'opposition des seigneurs et des petits exploitants qui refusent la politique économique déterminée par l'Administration royale. Il faut attendre l'unification du droit français sous la Révolution et l'avènement d'un Etat fort avec le premier Empire pour que soit abandonnées les Franchises minières locales et les dispositions de valeur légale préservant ce qui restait de la liberté minière dans la France de d'Ancien Régime. La loi du 21 Avril 1810 marque alors le terme de la formation du droit minier en France, avec l'affirmation des droits de l'Etat sur le sous-sol de manière incontestable, contre les droits des propriétaires[12].

Au Canada, les travaux les plus complets sur les questions sur la propriété et d'accès aux ressources ont été effectués par Barry Barton dans son ouvrage intitulé *Canadian Law of mining*[13], publié en 1993 par l'Institut Canadien du droit des ressources. Comme bon nombre de ses

---

[11] VERGARA BLANCO (A.), « Le problème de la nature juridique de la richesse minérale », in, *Revue internationale de droit comparé*, Vol. 64, N°1, 2012, pp 183

[12] GAUCHE (S.), « La formation du droit minier français : l'exemple du Dauphine (XIVème – début XIXème siècle) », in, *Revue historique de droit français et étranger,* Vol. 81, N° 1, Janvier-Mars 2003, pp 75

[13] Cité par Lapointe (U.), « L'héritage du principe de *free mining* au Québec et au Canada », *Recherches amérindiennes au Québec*, 2010, Volume *40*, numéro 3, pp 9–25.

prédécesseurs qui ont écrit sur l'histoire des lois minières, Barton s'intéresse particulièrement aux questions de propriété et d'accès aux ressources minérales. Qui sont les propriétaires des ressources minérales au Canada ? Comment ces ressources peuvent-elles être acquises par des personnes et entreprises ? Quelle est la portée des droits consentis aux entrepreneurs miniers ? Comment ces droits ont-ils évolué à travers le temps ? Que signifient-ils aujourd'hui en termes de contrôle et d'accès au territoire et aux ressources ? Premièrement, Barton observe que les lois minières canadiennes témoignent, encore aujourd'hui, de plusieurs liens de ressemblance avec les lois coutumières qui prévalaient dans certaines parties de l'Europe médiévale, notamment dans les Districts miniers de CornWall, du Devon et du Derbyshire en Angleterre[14]. Dans ces Districts longtemps isolés de toute autorité centrale, les entrepreneurs miniers instaurent des règles qui seront par la suite reconnues et institutionnalisées dans les chartes royales du XIIIème siècle[15] notamment le droit du libre accès au territoire et à la ressource, peu importe s'il s'agit des terres privées ou de terres appartenant à la Couronne. Seules quelques exceptions limitent alors ce droit de libre accès, notamment les terres cultivées et les terrains occupés par des églises et des cimetières[16]. Si les propriétaires de ces districts miniers ne pouvaient empêcher les entrepreneurs miniers d'accéder à leurs terres, ils avaient généralement droit, par ailleurs, à une forme de compensation proportionnelle à la valeur du minerai extrait. Une forme de redevance ou de partage des revenus. Aux Etats-Unis le droit du sous-sol appartient aux propriétaires des terres s'ils ont des droits les droits miniers d'exploitation du sous-sol, dans le cas contraire ils ne peuvent s'opposer à l'exploitation[17]. La loi générale sur les mines (General Mining Act) de 1872 stipule que tous les gisements minéraux ayant une certaine valeur et se trouvant sur des terres appartenant aux Etats-Unis doivent être ouverts à l'exploration et achetés par les citoyens américains. Le Cameroun dispose d'un fort potentiel géologique pour un certain nombre de minéraux ; bien géré ce potentiel pourrait contribuer à la croissance économique du pays. Le Cameroun dispose notamment d'importants

---

[14] Ibid.
[15] Ibid.
[16] Ibid.
[17] LUNEAU (P-E.) et LUBY (J.), « Le nouvel or noir de l'Amérique », Film documentaire, 2014

gisements de minerai de fer, de bauxite, de diamant, de calcaire, de rutile et de Cobalt nickel. Parallèlement, d'autres substances dites « stratégiques », encore peu exploitées au Cameroun, comme les terres rares, le diamant, le graphite et le lithium, font désormais l'objet de travaux d'exploration. Dans le contexte camerounais, le droit des contrats miniers est consubstantiellement lié à l'histoire politique du pays. Avant l'époque coloniale, les substances minérales sont exploitées de manière artisanale dans l'armurerie dans certaines communautés comme les Bamum[18] et les Grass Field[19]. C'est avec l'arrivée des Allemands que le Cameroun va faire l'objet, pendant plusieurs années de prospections géologiques et pédologiques qui couvriront l'ensemble du territoire[20] . Différents travaux de reconnaissance et de détail seront effectués depuis les premiers itinéraires des géologues allemands au début du XXème siècle[21]. L'activité minière consiste à rechercher et à valoriser les ressources naturelles non renouvelables dans un sol donné[22]. Au lendemain de la défaite française de juin 1940, les territoires de l'AEF et du Cameroun, ayant rallié la France libre avaient un rôle militaire important à jouer. Or, au premier rang de ce programme, il y'avait les matières premières diverses que les territoires africains ralliés devaient fournir à la France combattante et, à travers elle, à l'ensemble des pays alliés avec qui elle travaillait désormais en étroite collaboration[23]. Par ailleurs, et comme le souligne Marc Michel, *« le Cameroun est un principal exportateur en Afrique noire des produits miniers (étain, or) (...) »*[24]. Le rutile est un minerai d'étain qui, longtemps avant la guerre, fut exploité dans la région de Mayo-Darlé (Une localité de l'Adamaoua), voisine du MBAM notamment avec la

---

[18] LAVALLIERE BETGA-DJENKWE (N.), « Les techniques de défense des chefferies bamiléké de l'Ouest-Cameroun, du XVIe au début XXème siècle », e-Phaîtos (www.google.fr)

[19] Ibid.

[20] SEGALEN (P.), « Les sols et la géomorphologie du Cameroun », Services Scientifiques Centraux de l'ORSTOM, p.139.

[21] Sur ce point lire ENO BELINGA (S.M), « Géologie et recherche minière des deux ADAMAOUA sous le Cameroun allemand, une bonne page de notre histoire », inédit

[22] GUILBAULT (M E), TRUDEAU (H.), « Le nouveau cadre juridique de la restauration des sites miniers au Québec », *Revue du Notariat, Volume 115, numéro 3,* 2013, pp 378.

[23] MEMOLI-AUBRY (C.), « Le MBAM dans la seconde Guerre Mondiale : Contribution d'une région administrative du Cameroun à l'effort de guerre français », in, *Outre-mer*, Tome 96, n° 362-363, 1er Semestre, 2009, pp 241

[24] MEMOLI-AUBRY (C.), note 15

subdivision de YOKO. Ce minerai très résistant, permettait de faire de meilleurs alliages avec d'autres minerais tels que le fer. Et permettait d'obtenir un produit qui servirait à la fabrication des coques des véhicules militaires, d'avions et de fusils[25]. Quant à l'exploitation de l'aurifère pendant la deuxième guerre mondiale, elle se fait dans la ville de BETARE-OYA. Cette dernière est localité située à l'Est du Cameroun (limitrophe de l'Oubangui-Chari, actuel RCA réputé riche en minerai) qui, du temps de la colonisation, était surtout connu pour ses mines d'or. L'or se trouvait dans les graviers alluvionnaires et aussi dans les alluvions, entre autres, sur le granit. Il existait environ une douzaine de sociétés exploitantes[26]. Les pédologues de l'ORSTOM ont entrepris, sur toute l'étendue de l'ex-Cameroun Oriental, diverses études relatives aux latérites camerounaises. Le levé de la carte géologique de reconnaissance du Cameroun (1 : 200 000 ; 1 : 500 000) par les géologues français du service des Mines s'est accompagné d'une prospection minière qui a conduit à des découvertes intéressantes telle que les bauxites de l'Ouest Cameroun Oriental et de l'Adamaoua par les géologues du BUMIFOM d'abord, puis ceux du Syndicat des Bauxites du Cameroun (S.B.C) résultant de l'association du BUMIFOM et des sociétés Péchiney et Ugine. La diversité et l'abondance des indices de bauxites, les réserves importantes et les bonnes teneurs du minerai d'aluminium, mise en évidence dans les gisements de l'Ouest du Cameroun Oriental et dans l'Adamaoua, montrent que le Cameroun connaitra dans l'avenir une industrie d'aluminium prospère. Les différentes sociétés intéressées à l'exploitation des bauxites camerounaises sont importantes : le B.R.G.M, Péchiney et Ugine regroupés dans le syndicat des Bauxites du Cameroun. La société des Bauxites du Midi avait un permis de recherche ; elle a effectué certains travaux de reconnaissance préliminaire en 1957 et 1958, puis elle a transféré son titre à SABAP (Société Anonyme des Bauxites et Alumine de Provence). Les travaux ont été interrompus, à la suite du climat d'insécurité qui a régné, à la fin des années 50 et au début des années 60, dans le secteur de Dschang (Plateaux bauxitiques FOKAMEZOUM-FOKOUE) couvert par le permis de recherche. L'affirmation formelle d'un droit de propriété de

---

[25] Ibid.

[26] MIMBANG (L. Z.), L'exploitation minière dans l'Est Cameroun de 1934 à 1952. Aperçu historique, Mémoire de Maîtrise d'histoire, Université de Yaoundé, 1983, p. 56

l'Etat camerounais sur les mines s'est faite à partir de son accession à la souveraineté internationale en 1960 pour ce qui concerne le Cameroun Occidental et 1961 pour ce qui est de l'Etat fédéral du Cameroun. Et c'est en 1964 que sera adoptée la première loi sur l'activité minière. Dans l'article 4 de la loi n°64/LF/3 du 6 Avril 1964 portant régime des substances minérales de la République Fédérale du Cameroun qui dispose que : *« La propriété des mines est distincte de celle du sol. Les mines sont la propriété de la nation.* (…) ». Elle a été réaffirmée dans la loi n°2001/001 du 16 Avril 2001 portant Code Minier en son article 6 dispose que: « (1) *La propriété des mines est distincte de celle du sol. (2) Les mines sont et demeurent propriété de l'Etat.* (3) *Aux fins des activités minières, l'Etat exerce sur l'ensemble du territoire camerounais des droits souverains.* » Et enfin Aux termes des dispositions de l'article 5 de la loi de 2016/017 portant Code Minier au Cameroun : « *(1) Les substances minérales contenues dans le sol et le sous-sol du territoire de la République du Cameroun, ses eaux territoriales et son plateau continental sont la propriété de l'Etat qui y exerce des droits souverains.*

(2)Les titulaires des titres miniers et autres autorisations acquièrent la propriété des substances minérales qu'ils extraient dans le respect de la présente loi.

(3) Le périmètre du rocher des carrières relève du domaine public naturel et l'Etat y accorde des autorisations d'occupation aux exploitants dans le respect de la législation foncière. » Le premier problème juridique que mettent en évidence les contrats miniers, comme on le voit en étudiant l'histoire de la législation minière, est la nature juridique de la richesse minière. Si pendant longtemps, les substances minérales ont été considérées comme étant exclusivement « *des biens publics* » toute chose de nature à éliminer le pouvoir de disposition des propriétaires du sol sur les substances minérales. Si dans les lois 1964 et de 2001, le législateur a seulement prêté attention à l'aspect étatiste de la richesse minière. Les régimes miniers contemporains ont démontré l'anachronisme de la conception exclusivement « *étatiste de la propriété minière* » ainsi une forme d'anachronisme par rapport à l'évolution d'autres législations

minières[27] est apparue. Sous l'influence récente des programmes d'Ajustement structurel de la Banque Mondiale et du Fonds monétaire international, de nombreuses réformes de codes miniers en Afrique ont mené à l'adoption de droits, principes et valeurs similaires à ceux qui sont associé au *free mining.* Il faut reconnaitre que la réforme de 2016, il a va revisiter sa position. Le vieil adage suivant lequel : « *Il n'y a pas de liberté d'acquisition sur les mines pour toute autre personne qui ne soit pas l'Etat* » a été battue en brèche. En admettant la possibilité d'une appropriation privée des substances minérales. En effet aux termes de l'article 5 alinéa 2 de la loi n°2016/017 : « *Les titulaires des titres miniers et autres autorisations acquièrent la propriété des substances minérales qu'ils extraient dans le respect de la présente loi.* » il en ressort donc que dans le droit des contrats miniers au Cameroun, il existe « *une propriété étatiste* » qui côtoierait « *une propriété privée* » sur les substances minérales. Il est évident que le contenu du droit de propriété de l'Etat n'est pas sur les mines ou les minerais (en tant que biens que l'on pourrait s'approprier), mais plutôt sur l'activité que les particuliers pourraient développer autour de ces biens, c'est-à-dire sur l'activité minière. Qui dit économie de marché, dit échange et qui dit échange, dit contrat, convention, accord, engagement, gentlemen agreement, parole donnée[28]. Autant que faire se peut, en traitant du concept de « *contrats miniers* », nous essaierons de ne pas rentrer dans les débats et considérations touchant à la philosophie du droit, c'est-à-dire, de prendre position entre le jus naturalisme et le constructivisme. Le jus naturalisme pose que le concept préexiste au droit, Ce dernier ne faisant que traduire une base métaphysique, alors que le constructivisme avance que c'est le droit qui crée le concept : sa définition n'est pas découverte mais construite il n'est pas dit qu'il soit toujours possible d'évacuer ces aspects de notre réflexion, mais nous tenterons de nous en tenir à la doctrine et au droit positif. Le concept de « *contrats miniers* » est un concept flou. Qualifier un concept comme étant flou, ce n'est pas affirmer une absence de sens. Au contraire, c'est sa trop forte

---

[27] Selon un sondage réalisé par l'Institut Fraser, les pays suivants ont une législation minière très attractive : Le Maroc (24ème mondial), le Burkina Faso (29ème mondial) et le Ghana (31ème mondial).

[28] PIETTRE (A.), « La place de l'économie contractuelle dans l'économie française », In, *Économie rurale.* N°60, 1964. Groupements et contrats de commercialisation. pp. 3

disponibilité énumérative qui en est la cause, soit par une pluralité de sens, soit par une multiplicité de référents[29]. En fait, la notion même de « *concept indéterminé* » est une création doctrinale. L'indétermination vient de la variété des cas d'application et de la difficulté, pour les juristes, d'en rendre compte de façon cohérente, d'en assurer l'univocité. Le concept de « *contrats miniers* » rallie cette problématique. A la base des concepts il y'a des mots. Et les mots ont un destin parfois un destin imprévisible. L'expression « *contrats miniers »* est assurément de ceux-là. Employée par la doctrine au départ sans doute par commodité de langage, cette expression a fait fortune. Non seulement elle est entrée dans le langage juridique courant, mais encore elle a acquis le statut de notion juridique. Le débat renouvelé et toujours actuel sur la nature des contrats miniers pâtit du voile qui masque en partie la nature juridique des ressources minérales. D'abord considérées comme étant des biens publics toute chose de nature à militer pour le rattachement exclusif des contrats miniers dans la catégorie des contrats publics ou des contrats d'état, les ressources minérales sont désormais aussi considérées comme des biens privés[30] toute chose de nature à militer pour la classification des contrats miniers dans la catégorie des contrats civils et commerciaux. On veut pour preuve la reconnaissance d'un droit de propriété privé aux particuliers sur les minéraux extraits par le législateur camerounais dans les dispositions de l'article 5 alinéa 2 de la loi N° 2016/017 portant Code Minier au Cameroun[31]. Plus généralement, la complémentarité entre le droit public et le droit privé se manifeste particulièrement dans le droit des contrats miniers. Devant la difficulté de définir de manière satisfaisante « *les contrats miniers* », le législateur camerounais dans les dispositions de l'article 4 de la loi n° 2016/017 du 14 Décembre 2016 portant Code Minier a trouvé judicieux de définir restrictivement les contrats miniers comme : « *un contrat de partenariat entre l'Etat et le titulaire d'un permis de recherche, définissant les dispositions relatives au développement et à l'exploitation d'une découverte minière, y*

[29]ROLLAND (L.), « Sur les notions juridiques indéterminées : Les tiers en droit privé québécois, ces étranges étrangers », in, *Revue générale de droit*, 2005, Volume 35, numéro 4, pp 533.

[30] On entend par bien privé, une chose susceptible de faire l'objet d'une appropriation privative.

[31] L'article 5 alinéa 2 de la loi n°2016/017 dispose que : « *Les titulaires des titres miniers et autres autorisations acquièrent la propriété des substances minérales qu'ils extraient dans le respect de la présente loi.* »

compris les opérations de fermeture et de remise en état du site. » Si cette définition a le mérite d'incarner un aspect de la réalité du contrat minier, elle est insuffisance car elle ne tient pas compte des contrats miniers[32] conclus sous l'emprise du droit privé. Dans les législations nationales des états membres de l'OHADA, les ressources minières relèvent traditionnellement de la souveraineté et de la propriété des états. Cette appropriation publique des ressources naturelles a largement influencé la conception des contrats miniers qui reposent globalement ainsi sur un encadrement administratif. Leur nature juridique aurait dû alors suivre celle des actes de l'administration et embrasser toutes les dispositions relevant de la catégorie des contrats administratifs. Toutefois, si les contrats miniers sont intimement liés à l'état d'accueil, leur nature juridique ne saurait être réduite à celle de contrats administratifs, ceux-ci n'étant qu'un instrument de gestion du secteur extractif. L'analyse de la loi n° 2016/017 du Code Minier camerounais révèle que les contrats miniers sont également consacrés comme des contrats soumis à l'emprise du droit privé. C'est la raison pour laquelle cette définition mérite d'être complétée en considérant aussi les contrats miniers comme : « *Des conventions conclues entre le titulaire d'un titre minier et une personne morale ou privée définissant les dispositions relatives au développement et à l'exploitation d'une découverte minière, y compris les opérations de fermeture et de remise en état du site.* » D'un point de la technique juridique , dans la négociation et la conclusion des contrats miniers[33], les autorités préfèrent ne prendre aucune décision ou retardent le processus en ce qui concerne la conclusion les contrats miniers d'exploitation des ressources minérales pour éviter de signer un mauvais accord ; cet état de chose s'explique par le fait que ces autorités sont conscientes de leur manque de capacités de négociation technique et juridique et craignent de saboter

---

[32] En effet aux termes des dispositions de l'article 97 de la loi n°2016/017 portant Code Minier au Cameroun : « (1) A l'exception de l'autorisation d'exploitation artisanale ou artisanale semi-mécanisée, **tout droit portant sur un titre minier, peut donner lieu à toute forme de transaction, notamment l'amodiation, la cession, le nantissement et le gage. Il peut également faire l'objet d'une saisie conformément aux lois en vigueur** »

[33] Plusieurs projets miniers structurants font ainsi l'objet des demandes de permis d'exploitation, tels que le projet d'exploitation industrielle du fer D'AKOM 2 par G-STONES RESOURCES S.A, le projet d'exploitation industrielle de l'OR de COLOMINE par la société CODIAS S.A, le projet d'exploitation industrielle du fer de Lobe à Kribi par la société SINOSTEEL, le projet d'exploitation de l'Or par RCI, etc.

l'accord avec sans aucun doute des répercussions sur le plan politique. Ces contrats miniers s'étalent généralement sur une grande durée (20 ans à 30 ans). D'où la nécessité d'établir un bon contrat depuis le début. Il est important de se pencher sur la capacité de l'Etat à optimiser l'octroi des titres miniers dès le départ, dans la mesure où il est difficile de renégocier systématiquement les contrats à une phase ultérieure au risque d'envoyer des signaux rouges à l'endroit des investisseurs ; ce qui serait synonyme d'incertitude desdits contrats miniers, avec au final une perception du risque élevé de l'investissement négatif. Le renforcement des capacités de négociation des Etats africains avec les industries extractives sur la conclusion des contrats miniers s'avère nécessaire. D'un côté les industries extractives qui sont pour la plupart des multinationales disposent des ressources et compétences, et de l'autre les Etats, moins outillés. Ainsi, au cours des dernières années, les interventions de certains bailleurs de fonds ont porté sur le redressement de cet état de chose à travers le recrutement des consultants internationaux en vue d'accompagner les Etats dans le processus sensible de négociation des contrats miniers dans le processus sensible de négociation des contrats miniers ainsi que dans le renforcement des capacités des Etats dans le domaine. La Banque Africaine de Développement met actuellement en place un cadre de consultation juridique pour appuyer les Etats africains dans ce processus complexe de contrat à long terme. Toute chose de nature à justifier et légitimer la systématisation d'une théorie générale des contrats miniers au Cameroun non seulement à l'endroit de l'Etat, acteur-clé et central du processus mais aussi et davantage aux promoteurs miniers et tous les acteurs du secteur minier (Collectivités territoriales décentralisées, professionnels du droit….) qui n'ont pas toujours les capacités intellectuelles nécessaire pour cerner les spécificités et les particularités de ce type de contrats. La part du juge dans la régulation des rapports contractuels est incontournable dans la société. Le juge conjure les conflits dans les rapports sociaux. Il assure le respect et la protection des engagements contractuels. Il imprime la stabilité des relations. Cependant, pour ce qui des litiges relatifs aux contrats miniers qui devrait être considérés comme des litiges d'ordre économique et ne sauraient être situés aux litiges contractuels classiques. Les intérêts en jeu sont souvent collectifs et d'ordre sociétaire ; ils mettent en jeu des partenaires à l'action économique comme titulaire du capital et des moyens de production, de la force du travail ou comme consommateurs, destinataires des produits et des services ou encore mettent en conflit les pouvoirs publics, supposés protéger l'intérêt général, et les pouvoirs privés de l'économie. La mission du juge dans un tel contexte mérite d'être repensée[34]. Suivant l'éminent Professeur Claude CHAMPAUD, « *Le système économique attend du système judiciaire, l'insertion d'une analyse véritablement systémique dans certains dossiers, lorsque l'impact du jugement constitue une vague sur l'ensemble d'un secteur ou d'un marché ou d'une activité »*[35]. Il ajoute : « *Confronté à une telle situation, le pouvoir judiciaire est appelé à jouer un rôle essentiel d'intermédiation entre un système législatif qui doit assurer un minimum de stabilité dans les rapports sociaux et un ensemble de comportements privés et publics guidés par un opportunisme économique de court terme »*[36]. L'analyse du problème du régime juridique des contrats miniers au Cameroun vise à garantir ce comportement du juge qui s'impose de plus en plus dans le règlement des litiges d'ordre économique dans les économies dite de marché[37] comme le Cameroun, très attentive à la liberté de commerce et de l'industrie et à la concurrence loyale. Cette étude s'inscrite aussi aux décideurs politiques[38]. Car dans le domaine de la négociation des

---

[34] MAKOROKA (S.), « Le rôle de la justice dans le développement économique », in, inédit, pp 814. Adde COPPENS (Ph.), « La fonction du droit dans une économie globalisée, in, *Revue internationale de droit économique,* 2012, Volume 3, pp 269-274.

[35] CHAMPAUD (Cl.), « L'idée d'une magistrature économique, Bilan de deux décennies », *Revue "Justices", n° 1,* Dalloz 1994, p.1. Adde LEBEL (L.), « La loi et le droit : la nature de la fonction créatrice du juge dans le système de droit québécois. », *Les Cahiers de droit*, 2015, *56*(1), 85–96

[36] Ibid.

[37] Le Cameroun est une économie de marché. C'est ce qui ressort précisément des dispositions de l'article 2 de la Loi de 2002 portant Charte des Investissements en République du Cameroun : « Dans sa volonté de bâtir une économie compétitive et prospère par le développement des investissements et de l'épargne, et en exécution des objectifs de son action économique et sociale, la République du Cameroun se fixe les orientations ci-après : **La réaffirmation du choix de l'économie de marché comme mode d'organisation économique privilégié** ; (...) »

[38] Aux termes des termes des dispositions de l'article 2 de la Loi de 2002 portant **Charte des Investissements en République du Cameroun** : « Dans sa volonté de bâtir une économie compétitive et prospère par le développement des investissements et de l'épargne, et en exécution des objectifs de son action économique et sociale, la République du Cameroun se fixe les orientations ci-après : (...) **Le recentrage et le renforcement du rôle de l'Université et du système national de recherche scientifique et technique comme facteur critique de transformation et de maîtrise des structures économiques et sociales** ; ». C'est en cela que cette étude s'inscrit en

contrats miniers avec les industries extractives et les multinationales, les Etats sont souvent désemparés par le manque d'expertise dans ce domaine. C'est la raison pour laquelle cette étude se veut être aussi un aide à la décision pour les décideurs politiques qui participent à la négociation des contrats miniers. Dans le cadre de la présente étude, nous nous intéresserons aux contrats miniers conclus dans le secteur de la mine solide, ceux relevant de la mine liquide méritant de faire l'objet d'une étude plus approfondie et distincte.

Le débat sur les contrats miniers est un domaine qui attire l'attention accrue des chercheurs[39], des ONG[40], des acteurs de la société civile et des décideurs politiques[41] intéressés par les questions minières.

---

droite ligne de cette mission assignée aux Universitaires dans l'accompagnement de l'action gouvernementale.

39 JANNETH MILENA (P.B.), Propriété de l'État et exploitation des ressources naturelles non-renouvelables en Colombie. Thèse de doctorat en Droit, Université de Bordeaux, 2018, 411 pages. MOHAMADOU (F. M.), La nature juridique des titres miniers dans l'espace OHADA, Thèse de doctorat, Université d'Aix-en-Provence, 2018, DAVANTURE (S.), Les limites de l'application du droit sur les ressources naturelles : Le Cas des territoires palestiniens et du Sahara Occidental, Mémoire de Maîtrise en droit international, Avril 2006, 138 pages, AKONO MINLO (R.), « Réflexions sur les droits de l'exploitant des mines en droit camerounais », in, *Revue de L'ERSUMA, N°4,* Septembre 2014, LAMINE DEFOUKOUEMOU (H.), « Le nouveau Code minier camerounais, au cœur des standards de la gouvernance extractive contemporaine », in, halshs-01664344 2018, 12 pp. ; OTIS (G.), « Les droits ancestraux des peuples autochtones au Carrefour du droit public et du droit privé : Le cas de l'industrie extractive », in, *Les Cahiers de droit,* Numéro 60, Volume 2, pp 451-490, VERGARA BLANCO (A.), « Le problème de la nature juridique de la richesse minérale », in, *Revue internationale de droit comparé*, Vol. 64, N°1, 2012, pp 169-211, LACASSE (J.-P.), « L'appropriation Privée Des Ressources Minérales en Amérique Du Nord », *Revue générale de droit*, 1976, Volume 7, numéro 1, 89–90.

40 L'exploitation minière est une activité qui a des importants effets négatifs sur l'environnement. Aussi beaucoup d'ONG mènent des réflexions sur la protection de l'environnement et l'exploitation minière.

41 Le plan d'action pour la mise en œuvre de la vision Minière pour l'Afrique, adopté par la deuxième Conférence de l'Union Africaine des Ministres en charge du développement des ressources minières qui s'est tenue à Addis-Abeba en Décembre 2011, La déclaration d'Addis-Abeba sur l'exploitation et la gestion des ressources minérales de l'Afrique, adoptée en Octobre 2008 par la première Conférence de l'Union Africaine des Ministres en charge du développement des ressources minières, La déclaration finale du G-20, publiée le 6 Septembre 2013, dans laquelle les dirigeants mondiaux soutiennent l'initiative pour la transparence dans les industries extractives, GRZYBOWSKI (A.), *Guide pratique pour la prévention et la gestion des conflits liées à la terre et aux ressources naturelles : Industries extractives et conflits*,

Beaucoup d'auteurs ont souvent posé ce problème, et ont même tenté de le résoudre. Mais en dépit de la qualité et de la quantité des travaux entrepris sur le sujet, des doutes et des interrogations persistent sur la nature juridique des contrats miniers ce d'autant plus que l'ensemble de ces travaux ne concernait pas spécifiquement le système juridique camerounais. En droit positif Camerounais, les substances minérales sont considérées à la fois comme des biens publics[42] et des biens privés. Ceci étant dit, il faut souligner que la double nature juridique des ressources minérales est susceptible d'influencer sur le régime juridique des contrats miniers, la question qui se pose est celle de savoir : **Quelle est le régime juridique des contrats miniers au Cameroun ?** La question est de savoir la nature juridique des contrats miniers au Cameroun. De la méthode choisie dépend en effet la fiabilité des résultats attendus. Il s'agit d'opter une technique insusceptible de falsifier la réalité et propre à garanti des résultats attendus. « *Le raisonnement juridique n'est ni une démonstration mathématique, ni de la simple rhétorique. Il est fait de controverse, de dialectique au sens aristotélicien du terme, mais il a aussi recours à la logique formelle, il s'inspire à la fois des principes abstraits et des réalités concrète, avec un va-et-vient constant du droit au faits »*[43]. Ainsi, solutionner une problématique impose qu'on lui applique une méthode qu'il convient d'examiner. Par conséquent, notre étude sera principalement orientée vers le matériau juridique du droit camerounais. A cet effet, elle se nourrira abondamment de la méthode exégétique et de la libre recherche scientifique. Nous aurons aussi recours à des incursions de droit comparé, là où les exemples étrangers peuvent, soit par contraste, soit par identité, éclairer notre hypothèse de travail. **Depuis l'abrogation de la loi du N° 2001/001 portant Code minier par la loi N° 2016/017 portant Code minier au Cameroun, les contrats conclus dans le secteur minier au Cameroun ont un double régime juridique car dès lors que les substances minérales peuvent être qualifiées à la fois de bien public, et de bien au sens privatiste du terme, les contrats miniers sont conclus soit sur le prisme du droit**

Groupe inter agences des Nations Unies pour les actions préventives, 2012, 52 pages, Forum intergouvernemental sur l'exploitation minière les minéraux, les métaux et le développement durable, *Guide pour les gouvernements :* Juillet 2018, 113 pages.

[42] Sur la notion de biens publics lire AUBY (J-M), BON (P.), AUBY (J-B.), *Droit administratif des biens, Dalloz, 7ème édition*, 2016, pp 10.

[43] BERGEL (J-L.), *Méthodologie juridique,* 2e, Paris, PUF, 2016, pp 1.

public ou alors sous le prisme du droit privé. C'est ce qui fait que l'on distingue les contrats miniers conclus sous l'égide des rapports publics d'avec les contrats miniers conclus sous l'égide des rapports privés. La logique voulant que l'hypothèse générale ne soit considérée comme vérifiée que si les sous-hypothèses qui la structurent sont démontrées, les deux parties de cette réflexion vont s'articuler autour deux sous-hypothèses que l'on vient d'annoncer. D'où le plan suivant :

- **Les contrats miniers conclus sous l'égide des rapports publics avec l'Etat (Première Partie)**
- **Les contrats miniers conclus sous l'égide des rapports privés par le propriétaire d'un droit minier (Deuxième Partie)**

PREMIERE PARTIE : LES CONTRATS MINIERS CONCLUS SOUS L'EGIDE DES RAPPORTS PUBLICS AVEC L'ETAT

L'acquisition d'un titre minier est la condition préalable **(Titre 1)**, pour aboutir à la formation d'une convention minière avec l'Etat **(Titre 2)**.

TITRE 1 : L'ACQUISITION D'UN TITRE MINIER : CONDITION PREALABLE A LA CONCLUSION D'UNE CONVENTION MINIERE

L'acquisition d'un titre minier[44] est la condition préalable à la conclusion d'une convention minière. L'étude des conditions d'acquisition d'un titre minier **(chapitre 1)** précèdera celle des effets de l'acquisition d'un titre minier **(Chapitre 2).** Aux termes des dispositions de l'article 11 du Code Minier de 2016 : « *Il est institué cinq types de titres miniers :*

- *L'autorisation d'exploitation artisanale ;*
- *L'autorisation d'exploitation semi-mécanisée ;*
- *Le permis de recherche ;*
- *Le permis d'exploitation de la mine ;*
- *Le permis d'exploitation de la mine industrielle ;* »

[44] Aux termes des dispositions de l'article 15 alinéa de la loi de 2016 portant Code Minier : « L'exercice de toute activité minière à l'exception de la reconnaissance, est subordonnée à l'obtention d'un titre minier »

CHAPITRE 1. LES CONDITIONS D'ACQUISITION D'UN TITRE MINIER

Quelles sont les conditions requises pour acquérir un titre minier au Cameroun ? Les conditions requises pour obtenir un titre minier au Cameroun sont de deux ordres. D'une part, on a les conditions d'ordres subjectifs **(Section 1)** et d'autre part on a les conditions d'ordre objectif **(Section 2).**

SECTION 1. Les conditions d'ordre subjectif

Les conditions d'ordre subjectif concernent l'auteur de la demande **(Paragraphe 1)** et les éléments du dossier de demande de permis **(Paragraphe 2).**

Paragraphe 1. L'auteur de la demande

L'étude de la qualité de l'auteur de la demande **(A)** précèdera celle de la crédibilité de l'auteur **(B)**.

A. La qualité de l'auteur de la demande d'un titre minier

Quelle est la qualité que doit la personne qui sollicite l'acquisition d'un minier ? Pourquoi le législateur a-t-il fait de cette qualité, une condition pour acquérir un titre minier ? Tels sont du reste les principaux axes autour desquels s'articulera la présente réflexion.

1. La détermination de la qualité de l'auteur

Aux termes des dispositions de l'article 15 alinéa 1er du Code Minier : « *Seules les personnes morales de droit camerounais exerçant dans le secteur minier peuvent obtenir un titre minier.* » De ce qui précède, il s'en suit que pour acquérir un titre minier au Cameroun, il faut être une personne morale., ce d'autant plus d'ordinaire l'activité minière est exercée par des sociétés commerciales, et en toute bonne foi, cette disposition semblerait faire un distinguo entre les sociétés étrangères et les sociétés camerounaises même si nous pensons qu'il aurait été plus judicieux pour le législateur de ne parler de « personnes *morales de droit OHADA* ». Cet argument peut paraitre factice mais nous pensons que si l'activité minière est une activité commerciale, il aurait été de bon ton d'exclure les sociétés non-commerciales de l'activité minière. Il s'agit là d'un débat périphérique. Revenons à notre question centrale.

Est-ce à dire que toutes les personnes morales que ce soit de droit privé ou public pourvu qu'elles soient de nationalité camerounaise peuvent acquérir un titre minier ? De prime abord, la question peut sembler banale cependant au lendemain de l'adoption de la Loi n° 2019/024 du 24 Décembre 2019 portant Code Général des Collectivités territoriales décentralisées, une vive controverse est née autour de la question de l'exercice de l'activité minière par les collectivités territoriales décentralisées ? Ce problème est né à l'occasion du litige qui opposait la Société d'extraction et de transformation de pouzzolane (Setp) à l'exécutif communal de NJOMBE-PENJA, dans le Littoral, au sujet de l'exploitation d'une carrière de pouzzolane d'une superficie de huit hectares[45]. Il convient de souligner qu'aux termes des dispositions de l'article 156 de la loi n° 2019/024 du 24 Décembre 2019 susvisée : « *Les compétences suivantes sont transférées aux communes : (...) l'exploitation des ressources minérales non-concessibles*[46]. » Il faut noter que cette imprécision rédactionnelle, vise en réalité à cantonner le champ d'intervention des Collectivités territoriales décentralisées dans le secteur minier. Cela est d'autant plus vrai que la Société Nationale

---

[45] En effet, après une plusieurs lettres et une sommation datée du 18 mai, le maire de la localité, Paul Eric Kingué, a suspendu pour une période de 15 jours l'entreprise Setp pour « *activités illégales d'exploitation* » de la carrière querellée. Par ailleurs, le maire exige « *un paiement mensuel compris entre 3 et 5 millions de FCFA dans le cadre d'une gestion partagée entre l'exploitant de la carrière et la commune de PENJA* ». En guise de réponse, l'entreprise estime dans une correspondance datée du 28 mai que ses activités sont « bien légales » et conforme à la loi N°2016/017 du 14 décembre 2016 portant code minier. Elle rappelle notamment que l'article 71 de ce texte subordonne l'exploitation des substances de carrières à « *l'obtention préalable d'un permis de reconnaissance pour les nouveaux sites ou d'une autorisation d'accès au site pour les anciennes carrières* », comme dans ce cas.

[46] Il faut noter que l'expression de « *substances minérales non-concessibles* »ne figure pas dans le Code Minier de 2016. On s'interroge donc sur le bien-fondé de mentionner cette expression dans la loi de 2019 portant Code des Collectivités territoriales décentralisées au Cameroun. Sommes-nous dans une hypothèse d'ineffectivité programmée tel que décriée par une partie de la doctrine camerounaise ? Sur ce point lire NEMEDEU (R.), « L'ineffectivité programmée de la règle de droit », in, *Mélanges en* l'honneur du Professeur ANOUKAHA, 8 Février 2021, 1342 pages.

des Mines[47] qui est elle aussi doté d'une personnalité morale de droit public camerounais est habilité à acquérir un titre minier au même titre que les personnes morales de droit privé camerounais. Quid de l'appréciation de l'intérêt accordé par le législateur à la qualité de l'auteur de la demande ?

2. L'appréciation de l'intérêt accordé par le législateur à la qualité de l'auteur

C'est en exploitant l'exposé des motifs de la loi de 2016/017 que l'on peut mieux cerner l'intérêt accordé par le législateur à la qualité de l'auteur. En effet, Dans le droit français, l'exposé des motifs accompagnant un projet de loi doit « indique[r] de manière simple et concise, les raisons pour lesquelles ce projet est soumis au Parlement, l'esprit dont il procède, les objectifs qu'il se fixe et les modifications qu'il apporte au droit existant ». Il faudrait relever qu'il n'existe pas à proprement parler un exposé de motifs de cette loi. Mais les prises de position de différents acteurs qui ont d'une manière ou d'une autre pris part à l'élaboration de la loi nous enseigne que c'est pour des besoins de transparence[48] et de traçabilité[49] que l'acquisition d'un titre minier a été réservée aux seules personnes morales de droit camerounais cela ne veut pas dire que les sociétés étrangères ne sont pas autorisées à exercer une activité minière au Cameroun. Que non, les compagnies minières étrangères qui souhaitent exercer dans le secteur minier camerounais doivent créer une société qui sera soumise au droit camerounais. Quid de la crédibilité de l'auteur de la demande ?

B. La crédibilité de l'auteur de la demande d'un titre minier

L'analyse des thèses en présence **(1)** précèdera la position du droit positif **(2)**.

1. Les thèses en présences

S'il est de bon de faire une appréciation à priori de la crédibilité de l'auteur de la demande, il n'est pas sans intérêt de se pencher aussi sur

---

[47] En Décembre 2020, le Cameroun a créé une société nationale qui sera chargé de la gestion du secteur minier.
[48] Cf. ITTIE
[49] Ibid.

une appréciation à posteriori. S'agissant de l'appréciation à priori, elle s'appuie sur les antécédents du demandeur du titre minier. Il est question de vérifier par des méthodes d'investigation fiables, les références antérieures du demandeur du titre minier, ceci dans le but de faire une sélection naturelle en ne permettant qu'aux demandeurs ayant des antécédents sérieux et solides de s'engager dans le secteur minier.

La crédibilité de l'auteur de la demande peut se faire aussi par *à posteriori.* C'est-à-dire que l'autorité en charge de la délivrance des titres miniers accorde au demandeur, le bénéfice du doute en lui accordant le titre minier. Une telle solution se justifie amplement par le souci de créer un esprit de corporation au sein du secteur minier. Mieux, il est question de promouvoir la liberté de commerce et d'entreprendre[50] car au demeurant, l'activité minière est une activité commerciale. Quid des éléments du dossier de demande d'un titre minier ?

2. La solution du droit positif

Dans le contexte camerounais, le législateur ne s'est pas trop accordé sur la crédibilité de l'auteur de la demande en vérifiant ces antécédents dans le secteur minier. Il a voulu accorder le bénéfice à toute personne voudrait s'intéresser au secteur minier. Néanmoins, on ne peut pas dire que le législateur camerounais s'est totalement désintéressé à la crédibilité de l'auteur de la demande. En effet, il existe un faisceau d'indices qui permettent de conclure que le législateur attache à un certain intérêt à la crédibilité de l'auteur de la demande. En effet, aux termes des dispositions de l'article 3 alinéa du décret n°2002/648/PM du 26 Mars 2002 fixant les modalités d'application de la loi n° 001 du 16 Avril 2001 portant Code Minier : « *Tout demandeur d'un titre minier, d'une autorisation ou d'un permis, est tenu d'avoir une adresse ou une représentation en communiquée au ministre chargé des mines.*

(2) La notification des cartes administratifs, instructions et documents est faite exclusivement à cette adresse ou à cette représentation.

---

[50] Aux termes des dispositions de l'article 5 alinéa 1 la loi n° 2015/018 du 21 Décembre 2015 régissant l'activité commerciale au Cameroun : « L'exercice de l'activité commerciale sur l'étendue du territoire national par toute personne physique ou morale est libre, sous réserve du respect des lois et règlements en vigueur. »

(3) Tout changement d'adresse ou de représentation doit être communiqué au ministre chargé des affaires dans les délais n'excédant pas trente (30) jours. » En d'autres termes, la localisation du demandeur est un élément que le législateur camerounais a érigé en preuve de la crédibilité du demandeur. A cela il convient d'ajouter les dispositions de l'article 7 du même décret qui dispose que : « (1) Toute personne physique qui sollicite soit l'attribution d'un titre minier, d'une autorisation ou d'un permis en application des dispositions de la loi, soit l'approbation d'une transaction conformément aux dispositions de l'**article** 20 de la loi, doit fournir les renseignements sur son identité. » Quid des éléments du dossier de demande d'un titre minier ?

Paragraphe 2. Les éléments du dossier de demande d'un Titre Minier

Les éléments qui constituent le dossier de demande d'un titre minier sont regroupés en deux catégories : d'une part, on a les éléments techniques (**A**) et d'autre part on a les éléments administratifs (**B**).

A. Les éléments techniques

S'agissant des éléments techniques[51], il s'agit de : la cartographie du périmètre sollicité (1), les statuts de la société, la capacité financière, la synthèse géologique de la zone sollicité

---

[51] Aux termes des dispositions de l'article 21 du décret n°2002/648/PM du 26 Mars 2002 fixant les modalités d'application de la loi n° 001 du 16 Avril 2001 portant Code Minier ; « - (1) Au dépôt de la demande d'attribution, ou de renouvellement d'un titre minier, le Conservateur doit, en présence du demandeur ou son représentant dûment mandaté, vérifier que: a) le terrain objet de la demande est disponible pour l'attribution d'un titre minier; b) la demande est rédigée sur le modèle de fiche prévu à cet effet; c) la demande est déposée en triple exemplaire d'ont l'origine est timbré au tarif en vigueur et signée par le demandeur ou son représentant dûment mandaté) les pièces requises aux termes du présent décret y sont annexées; e) les droits prévus et, le cas échéant, les pénalités de retard sont acquittés; f) la mise en place de la caution prévue aux termes du présent décret est effective. (2) Lorsque, après un examen sommaire, le Conservateur constate que ces éléments ne sont pas réunis, il doit sous réserve de l'**article** 16 ci-dessus, procéder de la manière suivante: - enregistrer la demande avec mention «rejetée»; - restituer immédiatement tous les documents au demandeur ou à son représentant dûment mandaté; - délivrer une fiche de rejet dûment motivée. (3) Lorsque, après un examen sommaire, le Conservateur constate que tous les éléments sont soumis, il doit : a) immédiatement - enregistrer la demande ; - porter le numéro

1. La cartographie du périmètre sollicité

Le demandeur d'un titre minier doit fournir la cartographie du périmètre sollicité. En s'assurant néanmoins de sa disponibilité.

2. La synthèse géologique de la zone sollicitée

Le demandeur d'un titre minier doit produire la synthèse géologique de la zone sollicitée.

B. Les éléments administratifs

Les éléments administratifs du dossier de demande d'un titre minier peuvent être regroupés en deux catégories. D'une part on a les éléments administratifs d'ordre fiscal **(1)**, les éléments administratifs d'ordre financier **(2),** et les éléments purement administratifs **(3).**

1. Les éléments administratifs d'ordre fiscal

Le demandeur d'un titre minier doit fournir un récépissé de versement des droits fixes,

2. Les éléments administratifs d'ordre financier

S'agissant des éléments administratifs d'ordre financier, il s'agit de la capacité bancaire, un engagement du respect des dépenses minimales, un montant échelonné des dépenses. Aux termes des dispositions de l'article 23 du Décret n°2002 précité : « (1) *Toute attribution d'un permis de recherche ou d'exploitation est assujettie à la mise en place d'une caution dont le montant est fixé pas le présent décret.*

(2) Tout requérant d'un permis de recherche ou d'exploitation à qui une caution est demandée en vertu du présent décret doit, dans une délai de trente (30) jours suivant la décision d'attribution, déposer auprès du Conservateur un certificat de cautionnement garantissant l'exécution de ses obligations.

---

d'enregistrement sur la fiche de la demande a été enregistrée ; - signer la fiche ; - remettre un exemplaire de la demande au demandeur ou à son représentant dûment mandaté; b) dans les deux (2) jours transmettre le dossier au responsable désigné pour son traitement.

(3) Le cautionnement est effectué par garantie bancaire, par lettre de garantie d'une compagnie d'assurance, par dépôt d'espèce auprès d'un établissement bancaire locale ou par toute autre forme reconnue par la législation camerounaise en la matière. »

3. Les éléments purement administratifs

S'agissant des éléments purement administratifs, il s'agit de la fiche de demande d'attribution du titre minier.

SECTION 2. Les Conditions d'ordre objectifs

Les conditions d'ordre objectif porte sur le délai de délivrance du titre minier d'une part **(Paragraphe 1)** et le comportement de l'administration d'autre part (**Paragraphe 2).**

Paragraphe 1. Le délai de délivrance du titre minier

Aux termes des dispositions de l'article 16 de la loi n°2016/017 portant Code Minier : « *(1) Le cadastre minier réceptionne et instruit tout de dossier de demande de titre minier ou de permis de reconnaissance et transmet dans un délai de quinze jours ouvrables, avec son avis technique motivé au Ministre chargé des Mines, un projet de texte portant octroi du titre minier ou de permis de reconnaissance ou l'accord de transaction.* » La loi de 2016 n'ayant pas traité du délai imparti[52] pour la délivrance d'un titre minier, il faut se référer aux dispositions du décret n°2002/648/PM du 26 Mars 2002 fixant les modalités d'application de la loi n° 001 du 16 Avril 2001 portant Code Minier[53]. En effet, aux termes des dispositions de l'article 22 dudit décret : « *Les demandes d'attribution d'un permis de reconnaissance ou d'un titre minier sont traitées dans les délais suivants :*

---

[52] En attendant le Décret d'Application de la loi n° 2016 portant Code Minier, il y'a un vide juridique sur la question.

[53] Il faut souligner que la promulgation de la loi n° 2016/017 portant Code Minier au Cameroun, le Décret d'application de cette loi n'a pas encore été adopté nonobstant l'existence de nombreuses dispositions qui nécessitent l'adoption d'un texte réglementaire pour leur entrée en vigueur. En attendant donc la promulgation de ce décret, et compte tenu de ce que la loi n° 2016/017 n'a pas abrogé le décret n°2002/648/PM du 26 Mars 2002 fixant les modalités d'application de la loi n° 001 du 16 Avril 2001 portant Code Minier, c'est à ce dernier qu'il faut se référer pour connaitre le délai imparti pour la délivrance d'un titre minier au Cameroun.

- *La demande de permis de reconnaissance dans un délai de trente (30) jours à compter de la date d'enregistrement de la demande ;*
- *La demande de permis de recherche, dans un délai de quarante (45) jours à compter de la date d'enregistrement de la demande ;*
- *La demande de permis d'exploitation dans un délai de quatre-vingt-dix jours à compter de la date d'enregistrement de la demande ; »*

L'administration est-elle tenue de répondre dans le délai imparti ? Quelle est la signification du silence gardé par l'administration vis-à-vis de la demande de titre minier jusqu'à l'expiration du délai imparti ? L'analyse qui suit s'articulera autour le sens du délai imparti à l'administration pour la délivrance d'un titre minier **(A)** d'une part et d'autre part la signification du silence gardé par l'administration pour la délivrance d'un titre minier **(B).**

A. Le sens du délai imparti pour la délivrance d'un titre minier

Le délai imparti à l'administration peut être perçu comme un indicateur de l'efficacité de l'administration **(1)** et d'autre part comme la manifestation d'une volonté politique d'améliorer la qualité du service rendu aux usagers **(2).**

1. Le respect du délai imparti : Un indicateur de l'efficacité de l'administration

Répondre dans un délai imparti aux exigences des usagers est devenu une exigence forte lancée aux administrations[54]. Cette contrainte de délai est un indicateur d'efficacité pesant sur l'organisation du travail bureaucratique[55]. Dans le domaine de la délivrance d'un titre minier, l'instauration d'un délai administratif peut être interprétée comme l'affirmation de la capacité de régulation de

---

[54] Sur ce point lire Instruction n°003/CAB/PM du 24 Janvier 2001 relative à la rationalisation des délais et procédures de traitements des dossiers dans les services publics, Adde Code des relations entre le public et l'administration en France, MINDMIDT, Guide de l'usager, 2016, 181 pages.

[55] BAUDOT (P-Y), « L'invention des délais : Pourquoi l'administration doit-elle répondre dans les temps ? », in, *Politiques sociales et familiales,* n° 119, 2015, pp 5

l'activité minière par l'Administration. Compris de la sorte, la question des délais est davantage qu'un délai indicateur. Elle est un instrument permettant ou restreignant l'emprise de l'administration sur la société. La figure de l'usager est mobilisée pour légitimer la révision des procédures de fonctionnement de l'administration.

2. Une amélioration du service rendu aux usagers

D'autre part, la légitimité à priori d'une nécessaire réduction des délais d'attente (aux urgences, au guichet d'une administration…) permet de renforcer le contrôle exercé sur les échelons subalternes, qui échappent parfois à la supervision de la hiérarchie[56] en introduisant des critères de productivité[57]. Ils constituent des marqueurs de la responsabilité de chaque segment administratif dans le traitement du dossier d'un usager. Traiter le dossier de demande d'un titre minier dans un délai raisonnable semble être une marque de la qualité de service due au promoteur minier, une exigence liée à l'importance du secteur minier dans la création des richesses.

D'autre part, la légitimité à priori d'une nécessaire réduction des délais d'attente (aux urgences, au guichet d'une administration…) permet de renforcer le contrôle exercé sur les échelons subalternes, qui échappent parfois à la supervision de la hiérarchie[58] en introduisant des critères de productivité[59]. Ils constituent des marqueurs de la responsabilité de chaque segment administratif dans le traitement du dossier d'un usager. Traiter le dossier de demande d'un titre minier dans un délai raisonnable semble être une marque de la qualité de service due au promoteur minier, une exigence liée à l'importance du secteur minier dans la création des richesses.

B. La signification du silence gardé par l'administration à l'expiration du délai imparti

Le silence gardé par l'Administration emporte acceptation (1) seulement l'application effective de cette solution n'est pas évidente (2).

---

[56] Ibid.
[57] Ibid.
[58] Ibid.
[59] Ibid.

1. Le silence gardé par l'administration emporte acceptation

Aux termes des dispositions de l'article 22 alinéa 2 du décret n°2002/648/PM du 26 Mars 2002 fixant les modalités d'application de la loi n° 001 du 16 Avril 2001 portant Code Minier : « *Si la demande d'attribution d'un titre minier n'est pas traité dans les délais fixés à l'alinéa (1) ci-dessus, le titre est réputé accordé, sauf si l'Administration des mines a avisé le demandeur par écrit motivé de la prorogation de la durée d'examen de la demande qui ne peut être supérieure à la durée initiale.* » De ce qui précède, on retient qu'à l'expiration du délai imparti à l'Administration pour le traitement de la demande de titre minier, si cette dernière n'a pas répondu dans le délai imparti, son silence doit être interprété par le demandeur de titre minier comme une acception. Sauf si bien entendu l'Administration informe le demandeur de la prorogation de la durée d'examen de sa demande. La fiction de l'intervention d'une décision administrative en dehors de toute manifestation de volonté par l'Administration répond à une logique contentieuse qui permet aux administrés d'exercer leur droit au recours. Malgré le silence gardé sur leur demande ainsi qu'à une logique administrative qui tend à pousser l'Administration à traiter la demande si elle ne veut pas que le sens du silence quel qu'il soit lui soit opposé[60]. Quid du respect des conséquences attachées au silence de l'Administration

2. L'effectivité du respect des conséquences attachées au silence de l'Administration

Quand on consulte la page web dénommée « *Flexicadastre* » [61] dédiée à l'acquisition des espaces miniers au Cameroun, on constate que bon nombres de demandes[62] sont en instance de traitement nonobstant l'expiration du délai imparti pour le traitement du dossier à l'administration. Malgré la logique contentieuse qui s'infère du silence gardé par l'administration jusqu'à l'expiration du délai imparti, les demandeurs de titres miniers font montre d'inaction. Si

---

[60] DEGUERGUE (M.), « Le silence de l'Administration en droit administratif français », *Les Cahiers de droit*, 2015, Volume *56 n°* 3-4, pp 394.

[61] http://portals.flexicadastre.com/Cameroon/fr/

[62] Cette conclusion résulte de la consultation du portail Flexicadastre qui nous a permis de constater que il y'a des demandes qui datent de plusieurs mois, voire des années.

l'Administration peut choisir de se taire, volontairement ou involontairement, elle peut avoir aussi l'obligation de dire, et, même sans dire elle se trouve émettrice d'une décision administrative. En effet, l'histoire du silence de l'Administration montre que depuis l'origine sa signification a été paradoxalement décisoire afin d'éviter les dénis d'Administrations et de favoriser l'extension du champ du recours pour excès de pouvoir contre tout acte administratif dans un contexte de soumission progressive de l'Administration au droit et au juge administratif. Déjà un décret du 2 Novembre 1864 prévoyait que, lorsque les ministres statuaient sur des recours contre les décisions d'autorités subordonnées, leur décision devait intervenir dans le délai de quatre mois et qu'à l'expiration de ce délai, s'il n'était intervenu aucune décision, les parties pouvaient considérer leur réclamation comme rejetée et se pourvoir devant le Conseil d'Etat[63]. C'est la loi française du 17 Juillet 1900[64] qui généralisa la règle à toutes « les affaires contentieuses », mettant fin à ce que Maurice Hauriou appelait *« le privilège du silence »* et fit des administrés *« les contrôleurs de l'administration publique*[65] ». Quid du comportement de l'administration ?

Paragraphe 2. Le comportement de l'administration vis-à-vis de la demande de titre minier

Quand l'administration reçoit la demande de titre minier, elle peut soit acceptée la demande **(A)** ou alors la rejetée **(B).**

A. L'acceptation de la demande de titre minier

Quelle est la forme de la décision d'acceptation ? Quel est son contenu ? Tels sont du reste les deux questions autour desquelles s'articuleront la présente analyse.

1. La forme de la décision d'acceptation

La décision d'acceptation d'un dossier de demande de titre minier est accordée par arrêté du Ministre chargé des Mines.

---

63 DEGUERGUE (M.), op cit.

64 Ibid.

65 DEGUERGUE (M.), op cit. Note 21.

2. La structure de la décision d'acception

La structure de la décision d'acceptation peut être plus ou moins précise et complète. Elle va du simple visa, consistant uniquement en une référence des textes législatifs ou réglementaires qui justifient la décision jusqu'à l'exposition détaillé des obligations qui incombent au propriétaire du titre minier.

B. Le rejet de la demande

Le Ministre en charge des Mines peut décider de rejeter la demande de titre minier. Néanmoins la décision de rejet doit être motivée **(1)** et le demandeur peut s'il le désire exercer une voie de recours à l'encontre de cette décision **(2).**

1. La motivation de la décision de rejet

Nous étudierons tour à tour l'utilité de la motivation de rejet et les obstacles à la motivation du rejet.

La motivation des décisions administratives peut être envisagée sous deux aspects différents : en tant que composante d'un processus intellectuel, elle est constituée par l'ensemble des éléments de droit et de fait qui ont conduit l'administration à agir[66]. Du point de vue formel, il s'agit de l'obligation où se trouve celle-ci, au moins dans certains cas, d'indiquer les motifs sur lesquels reposent ces décisions. L'utilité de la motivation de la décision s'apprécie du point des administrés d'une part et du point de vue des administrés, il est incontestable que la motivation des décisions prises à leur égard constitue une garantie des plus précieuses[67]. Elle assure d'abord que l'Administration a réellement étudier le dossier : l'obligation de motiver les décisions est un moyen très sûr d'éviter que les fonctionnaires n'expédient les affaires de manière hâtive et superficielle, à l'unique fin d'en être plus déchargés. Les seuls mots « non » ou « demande rejetée » inscrits au bas des formulaires qui leur sont soumis ne suffisent pas à donner la certitude

[66] Cette définition est empruntée à MM AUBY (J.M), et DRAGO (R.), *Traité de contentieux administratif,* Paris, L.G.D.J, 1962, t, III, p 67 cité par WIENER (C.), « La motivation des décisions administratives en droit comparé », in, *RIDC,* 1969, numéro 21, Volume 4, pp 779.
[67] WIENER (C.), ibid, pp. 780.

que les agents ont véritablement statué avec tout le sérieux et la réflexion souhaitables.

Le principal argument opposé au principe de la motivation obligatoire est celui du surcroît de travail qui en résulterait pour les autorités administratives. Il faut reconnaitre en vérité que la rédaction circonstanciée des motifs pour toutes les décisions qui leur incombe de prendre exigerait beaucoup de temps et d'efforts, et que l'expédition des affaires risquerait d'en subir des retards importants. Dans un autre ordre d'idées différent, un autre argument est parfois invoqué à l'encontre de la motivation : elle risquerait en certains cas d'entrainer la divulgation d'informations qui doivent être tenues sécrètes, soit pour des raisons de sécurité d'Etat, soit dans l'intérêt des tiers ou même des requérants[68]. Mais ces différents arguments, pour pertinents qu'ils soient, ne nous semblent pas devoir porter atteinte au principe même de la motivation ; ils imposent seulement de le soumettre à certaines limites, établies en fonction de la nature et du contenu de la décision à prendre.

2. L'existence du droit à un recours effectif vis-à-vis de la décision de rejet

L'indication des motifs d'une décision est seule de nature à toujours fournir aux intéressés la possibilité de contester efficacement la mesure prise à leur encontre. Pour discuter en toute connaissance de cause le bien-fondé d'une décision, il est indispensable de connaitre les considérations sur lesquelles elle repose ; il faut pouvoir rapprocher sa teneur des règles juridiques applicables, et des appréciations sur la base desquelles l'Administration en a fait application. Les chances de faire aboutir un recours, qu'il soit juridictionnel ou hiérarchique, dépendent en effet dans une large mesure du contenu du dossier, et celui-ci à son tour est conditionné par ce que l'Administration aura fait connaitre de sa décision. Garantie préventive contre les décisions injustes ou insuffisamment mûries, garantie à posteriori de l'effectivité de recours.

---

[68] Ibid.

Conclusion du chapitre 1er

Au regard de ce qui précède, force nous ait donné de constater que l'acquisition d'un titre minier comme condition préalable à la conclusion d'une convention minière a été soigneusement réglementé. Il convient maintenant de s'interroger sur les effets de l'acquisition d'un titre minier.

CHAPITRE 2. LES EFFETS ATTACHES A L'ACQUISITION D'UN TITRE MINIER

Quelles sont les effets attachés à l'acquisition d'un titre minier ? L'acquisition d'un titre minier donne droit à une inscription dans le registre du Cadastre minier **(Section 1)** d'une part et d'autre part elle donne droit au renouvellement de son titre minier **(Section 2)**.

SECTION 1. L'INSCRIPTION DU TITRE MINIER DANS LE REGISTRE DU CADASTRE MINIER

Quelle est l'importance de l'inscription du titre minier dans le registre du cadastre minier ? Quelle est la procédure de l'inscription du titre minier dans le registre du cadastre minier ? Tels sont du reste les deux axes de réflexion autour desquels s'articuleront la présente réflexion.

Paragraphe 1. L'importance de l'inscription du titre minier dans le registre du Cadastre Minier

L'inscription du titre minier dans le registre du Cadastre Minier est importante à plus d'un titre car elle constitue une mesure de publicité **(A)** et d'autre part elle vise à protéger les tiers **(B)**.

A. L'inscription du titre minier dans le registre du cadastre minier : Une mesure de publicité

L'exercice des droits sur les richesses suscite fréquemment un conflit entre des personnes qui prétendent avoir sur la même chose des droits concurrents. L'emporte celui qui a un droit opposable aux autres. Or, l'opposabilité d'un droit réel dépend de sa publicité[69]. La publicité juridique épouse des formes diverses, selon la nature des biens : possession des meubles corporels, inscriptions sur certains registres spéciaux, signification du débiteur… La publicité des droits réels immobiliers, appelé publicité foncière, est minutieusement organisée par la loi. Elle revêt une importance particulière car d'elle dépend l'opposabilité, par conséquent, dans une large mesure, l'efficacité des droits sur l'immeuble ; son organisation presque parfaite est un modèle

---

[69] MALAURIE (Ph), AYNES (L.), pp 361.

pour les autres droits réels. L'inscription du titre minier dans le registre du Cadastre du Minier est une mesure de publicité **(1)** qui vise à protéger le propriétaire d'un titre minier mais dont la portée doit être relativisée **(2).**

1. L'inscription du titre minier dans le registre du Cadastre Minier : Une mesure de publicité

L'inscription d'un titre minier dans le registre du Cadastre minier est une mesure de publicité qui peut être faite soit à titre d'information, soit comme condition d'opposabilité du titre minier.

Pourquoi dit-on que l'inscription du titre minier est faite à titre d'information ? L'inscription du titre minier dans le registre du Cadastre Minier est une mesure de publicité qui vise à protéger le propriétaire d'un titre minier. C'est d'ailleurs ce qu'il illustre clairement des dispositions de l'article 13 du décret n°2002/648/PM du 26 Mars 2002 fixant les modalités d'application de la loi n° 001 du 16 Avril 2001 portant Code Minier : « **(1)** *Tout acte relatif à un titre minier doit être consigné dans un registre dénommé « registre des titres miniers. » ».* Mais il convient de souligner qu'il s'agit ici d'un formalisme administratif[70] qui diffère du formalisme usité dans le droit privé[71]. Cela est d'autant plus vrai que le législateur n'a prévu aucune sanction à l'encontre de celui qui omettrait de faire mention du titre minier dans le Registre du Cadastre minier[72] . C'est dire que donc que le but social poursuivi par ce formalisme est d'ordre administratif. En effet, de nombreuses formalités, dans certaines législations récentes, sont de nature administrative[73]. Si certaines d'elles consiste uniquement à informer l'administration[74], par voie de notification, on requiert aussi que celle-ci donne son accord. Selon le cas, pour l'exercice de leurs activités, les cocontractants professionnels doivent ainsi solliciter et obtenir une autorisation[75], une immatriculation[76], Une inscription[77], un

---

[70] Ibid.
[71] Ibid.
[72] Ibid.
[73]Ibid.
[74] Ibid.
[75]Ibid.
[76] Ibid.
[77] Ibid.

agrément[78] ou un enregistrement[79] auprès d'une administration compétente. L'inscription du titre minier dans le registre du Cadastre Minier est un droit formaliste qui dépend, d'un «*formidable appareil administratif*»[80] pour pouvoir être efficace. Quid de la publicité-Condition d'opposabilité du titre minier ?

La publicité du titre minier dans le registre du Cadastre minier doit être faite dans le cadre de certaines transactions relative au titre minier. Le défaut d'inscription des transactions passées sur le titre minier peut être opposé à certains créanciers du propriétaire du titre minier.

2. La portée

La question de la portée de l'inscription varie suivant que l'inscription est faite à titre simple information d'une part ou alors que l'inscription est une condition d'opposabilité aux tiers. L'inscription du titre minier dans le registre du Cadastre Minier à titre d'information est un droit formaliste donc la portée ne doit pas être exagérée. Elle remplit essentiellement une fonction documentaliste. L'inscription du titre minier dans le Registre du Cadastre Minier n'a qu'un effet déclaratif[81], c'est-à-dire le droit réel est acquis de par la loi[82], avant l'inscription. Par contre lorsque l'inscription du titre minier porte sur les opérations réalisées sur ce dernier, elle doit être faite sous peine d'inopposabilité du titre minier aux tiers. Ici la publicité du titre minier dans le Registre du Cadastre minier a un effet attributif ou du moins probatoire des droits miniers. Pour s'arroger la propriété d'un titre minier, il faut qu'il soit publié dans le Registre des titres miniers après la décision de l'autorité administrative. Il s'agit ici d'une publicité attributive.

B. Un technique de protection des tiers

La sécurité juridique constitue l'une des finalités de tout système juridique. Les tiers ont intérêt à connaitre l'état et la capacité des

---

[78] Ibid.

[79] Ibid.

[80] Ibid.

[81] Alors qu'en matière de vente d'immeubles, la conclusion d'un contrat de vente ne suffit pas à créer un droit de propriété, il faut en plus de cela que les droits du vendeur soit inscrit dans le registre foncier

[82] Le droit de propriété du titulaire est acquis dès la signature de l'arrêté par le Ministre en charge des Mines.

personnes avec lesquelles elles traitent. Mais ils ont aussi le droit de savoir la situation juridique des titres miniers qui font l'objet de leur transaction. En effet, en droit minier camerounais, les titres miniers sont des biens[83] et à ce titre, ils peuvent l'objet de transaction. Dans ce cas, la publicité des titres miniers dans les registres du cadastre minier a une mission d'information des tiers en dehors de tout conflit. En organisant la publicité des titres miniers comme celles des droits fonciers, on veut rassembler toutes les informations permettant d'écrire l'histoire juridique des titres miniers et décrire leur situation ; l'inscription du titre minier dans le registre du cadastre minier remplit une simple mission d'information.

Concernant l'acquisition d'un titre minier, les tiers sont des personnes qui n'ont pas pris parti au processus qui a conduit à l'inscription au Registre Minier. Et pour éviter que ces derniers solliciter un titre minier sur cette espace, le législateur a jugé utile de les informer de l'indisponibilité de la zone couverte par le titre minier. Cependant, la protection donnée par la législation camerounaise au droit à la vie privée[84] fait que toutes les données contenues dans ce registre du Cadastre Minier[85] ne soient pas en libre accès pour tous les citoyens ou les Administrations publiques. L'actualisation permanente du Registre du Cadastre Minier comme registre vivant a permis qu'on l'utilise comme source d'information principale dans le secteur minier, dans la mesure où, en tant que registre administratif, il jouit d'une présomption d'exactitudes qui garantit son contenu. C'est d'ailleurs, ce qu'illustre précisément les dispositions des dispositions de l'article 13 du décret n°2002/648/PM du 26 Mars 2002 fixant les modalités d'application de la loi n° 001 du 16 Avril 2001 portant Code Minier : « ***(4)*** *Les mentions du registre font foi jusqu'à preuve du contraire.* »

---

[83] Sur ce point lire MOHAMADOU FALLOU (M.), La nature juridique des titres miniers dans les Etats de l'OHADA, Thèse de Doctorat, Aix-Marseille, 2018

[84] Sur ce point lire KAMENI (G.M.), La vie privée en droit camerounais, Thèse de doctorat en cotutelle, Université de Douala et de Toulouse, 2013, 660 pages.

[85] Par exemple les données qui ont trait à l'identité des actionnaires ne sont pas mis à la disposition des tiers

Paragraphe 2. La procédure de l'inscription du titre minier dans le Registre Du Cadastre Minier

Qui est chargé d'engager la procédure de l'inscription du titre minier dans le registre du cadastre Minier ? Quelles sont les modalités requises pour inscrire un titre minier dans le registre du Cadastre Minier ? L'analyse de l'auteur de la procédure de l'inscription du titre minier dans le registre du cadastre Minier (A) précèdera celle des modalités requises pour inscrire un titre minier (B).

A. L'auteur de la procédure de l'inscription du titre minier dans le registre du Cadastre Minier

Nous étudierons tour à tour l'identification de l'auteur de la procédure de l'inscription du titre minier dans le registre du Cadastre minier **(1)** d'une part et d'autre part le rôle de l'auteur dans la procédure **(2).**

1. Identification de l'auteur de la procédure de l'inscription du titre minier dans le registre du cadastre minier

Aux termes des dispositions de l'article 14 du décret n°2002/648/PM du 26 Mars 2002 fixant les modalités d'application de la loi n° 001 du 16 Avril 2001 portant Code Minier : « *Le registre visé à l'article 13 ci-dessus est établi et conservé par le conservateur des titres miniers.* » De ce qui précède, il ressort que l'auteur de la procédure de l'inscription du titre dans le registre du Cadastre Minier est le conservateur des titres miniers. Le conservateur des titres miniers est un responsable de la Direction des Mines[86]. Le conservateur des titres miniers règne en maitre sur cette administration particulière que constitue la sous-direction du Cadastre Minier[87] : c'est un service administratif dont le fonctionnement a une incidence directe sur les titres miniers. Le statut du conservateur reflète cette ambiguïté. Il est un fonctionnaire dépendant de l'Administration en charge des Mines, mais

---

[86] Aux termes des dispositions de l'article 34 alinéa 1 du Décret n° 2012/432 du 01 Octobre 2012 portant Organisation du Ministère des Mines, de l'Industrie et du Développement technologique : « Placé sous l'autorité d'un sous-Directeur, la Sous-Direction du Cadastre Minier est chargée :

- (...) De la tenue et de la conservation de la documentation cadastrale géologique et minière. »

[87] Ibid.

à beaucoup d'égard son statut est celui d'un officier ministériel[88]. En contrepartie sa responsabilité est personnelle, l'Etat disposant d'une action récursoire contre lui. Le conservateur des titres miniers n'est pas jugé de l'opportunité de l'inscription des titres miniers. Il a dans ce domaine, une compétence liée.

2. L'étendue des pouvoirs de l'auteur de la procédure de l'inscription du titre minier dans le registre du cadastre minier

Le conservateur des titres miniers n'est pas jugé de l'opportunité de l'inscription des titres miniers. La question qui se pose ici est celle de savoir quelle marge d'appréciation qui laissée au conservateur des titres miniers dans le pouvoir qui lui est conféré par la loi d'inscrire les titres miniers dans le registre du cadastre Minier ? A-t-il une compétence lié[89] ou dispose-t-il d'un pouvoir discrétionnaire[90] ? Dans le contexte du droit minier camerounais, le conservateur des titres miniers a une compétence liée. L'inscription du titre minier est une obligation qui incombe au conservateur des titres miniers. C'est qui ressort clairement de la lecture des dispositions de l'article 13 du décret n°2002/648/PM du 26 Mars 2002 fixant les modalités d'application de la loi n° 001 du 16 Avril 2001 portant Code Minier qui dispose que : « **(1)** *Tout acte relatif à un titre minier doit être consigné dans un registre dénommé « registre des titres miniers. »* Quid des modalités de l'inscription du titre minier dans le Registre du Cadastre Minier ?

---

[88] Les primes qu'il devra percevoir dans les frais d'établissement des titres miniers

[89] En droit administratif, on dit qu'une autorité a une compétence liée lorsque, les circonstances se trouvant dans un texte se trouvant réunies, l'agent public n'a aucun choix à exercer : il a l'obligation de prendre une certaine décision. Par exemple, il a l'obligation de délivrer le récépissé de déclaration d'une association (TA Paris, 25 Janv. 1971, Dame de Beauvoir C/ Min. de l'intérieur, AJDA 1971. 229 et Cons. Const. 16 Juill. 1971, *Liberté d'Association, GDCC, n°27).* Pour approfondir la question lire KORNPROBST (B.), « La compétence liée », *RD pub. 1961. 935 ;* DI Qual, La compétence liée, 1964 ; TIMSIT (G.), Compétence liée et principe de légalité, D. 1964. Chron. 217.

[90] Il y'a pouvoir discrétionnaire, lorsque les textes laissent à l'autorité administrative un large pouvoir d'appréciation, la possibilité d'agir dans un sens ou dans l'autre, de prendre ou ne pas prendre la décision. Naturellement, pouvoir discrétionnaire ne veut pas dire arbitraire.

B. Les modalités de l'inscription du titre minier dans le Registre du Cadastre Minier

Les modalités de l'inscription du titre minier dans le Registre du Cadastre Minier sont de deux ordres. D'une part on a les modalités techniques **(1)** et d'autre part les modalités administratives **(2).**

1. Les modalités techniques

Relativement aux modalités techniques, elles ont trait à l'inscription du titre minier sur une interface numérique consultable en ligne dénommée Flexicadastre. Il s'agit d'un système informatisé qui a pour de garantir la gestion technique des titres miniers. « Flexicadastre » a été conçu avec l'appui d'un cabinet Sud-Africain du nom de Spatial Dimension. Ce cabinet a mis sur pied cette application dans plus dix pays dans le monde. Notamment, en Côte d'Ivoire, République démocratique du Congo, Guinée Conakry, Kenya, Tanzanie, Mozambique, Pérou, etc.

2. Les modalités administratives

Sur un plan administratif, l'inscription du titre minier dans le Registre du Cadastre Minier se fait par l'écriture matérielle des mentions importantes du Titre minier dans le Registre prévu à cet effet. En effet aux termes des dispositions de l'article 13 du Décret de 2002/648/PM du 26 Mars 2002 fixant les modalités d'application de la loi N° 001 du 16 Avril 2001 portant Code Minier : « **.-** ***(1)*** *Tout acte relatif à un titre minier doit être consigné dans un registre dénommé "registre des titres miniers".* ***(2)*** *Ce registre est côté et paraphé par le Directeur chargé des mines.* ***(3)*** *Il mentionne toutes les demandes de titres miniers enregistrées, toutes les décisions subséquentes d'attribution, de renouvellement, de renonciation, de retrait et d'expiration et tous autres renseignements jugés nécessaire par la Conservateur.* ***(4)*** *Les mentions du registre font foi jusqu'à preuve du contraire.* » Lorsque le Conservateur ou toute autre personne découvre qu'il y a eu dans le registre une omission lors d'une entrée, une entrée non justifiée, une erronée, une erreur ou un défaut dans une entrée, le Conservateur ou l'intéressé peut introduire une demande de rectification auprès du Directeur chargé des Mines. A la réception de la demande de rectification, le Directeur chargé des Mines et de la Géologie procède à des vérifications et ordonne le cas échéant, au Conservateur la rectification demandée. La décision du Directeur est susceptible de recours auprès du Ministre chargé des mines.

SECTION 2. LE DROIT AU RENOUVELLEMENT DU TITRE MINIER

L'acquisition du droit au renouvellement du titre minier est soumise au respect et à l'accomplissement de certaines formalités (**Paragraphe 1**). Faute de quoi, il perd ce droit (**Paragraphe 2**).

Paragraphe 1. L'acquisition du droit au renouvellement du titre minier

Quelles sont les formalités à remplir pour acquérir le droit au renouvellement du titre minier ? L'exercice du droit au renouvellement du titre minier est-il illimité dans le temps ? L'analyse des formalités requises pour l'acquisition du droit au renouvellement**(A)** précédera celle l'étendue de l'exercice de ce droit **(B).**

A. Les formalités requises pour l'acquisition du droit au renouvellement du titre minier

Le comportement exemplaire du propriétaire du titre minier vis-à-vis de l'administration des miniers **(1)** et l'exercice du droit au renouvellement dans les délais légaux **(2)** sont les principales formalités requises pour l'acquisition du droit au renouvellement du titre minier.

1. Le comportement exemplaire du propriétaire du titre minier vis-à-vis de l'administration des mines

Aux termes des dispositions de l'article 43 de la loi n° 2016/017 portant Code des Mines : «*Lorsque le titulaire d'un permis de recherche localise un gisement et démontre au Ministre chargé des Mines, étude de préfaisabilité à l'appui, qu'il ne peut l'exploiter dans les délais prévus, il peut solliciter un changement de programme qui lui permettrait de poursuivre les travaux de recherche dans le périmètre, objet du permis de recherche pour une période supplémentaire de deux ans, non renouvelable* ». Avant de solliciter le renouvellement de son titre minier, le propriétaire est tenu de s'acquitter de ces obligations vis-à-vis de l'administration. Ces obligations varient selon la nature du titre minier. Mais d'une manière générale, ces obligations sont soit d'ordre fiscal ou alors d'ordre administratif. Le titulaire d'un titre minier est tenu de s'acquitter du paiement d'un certain nombre de taxes dont le montant est fixé par la loi. S'il souhaite obtenir le renouvellement de son titre minier, il doit s'acquitter du paiement de ces taxes durant la période de validité de son permis. En outre, le titulaire d'un titre minier est tenu d'adresser à l'administration en charge des mines, des rapports d'activités par lesquels il informe cette dernière sur l'évolution de ses activités sur le terrain. C'est en s'acquittant de ces principales obligations que le comportement du propriétaire est qualifié d'exemplaires vis-à-vis de l'Administration et le rend éligible à revendiquer son droit au renouvellement, ceci dans les délais légaux.

2. L'exercice du droit au renouvellement dans les délais légaux

L'appréciation de la durée d'une action ou d'une inaction et la détermination légale des délais sont le plus souvent destinées à contrôler « *le rythme de la vie juridique* »[91] en incitant les uns à l'action et en protégeant les autres contre une menace. La durée peut également constituer l'un des éléments essentiels d'une opération juridique[92]. Passés les délais nécessaires pour permettre aux intéressés de revendiquer leurs droits ou de contester les situations établies, il faut que les choses se trouvent cristallisées. Ainsi, aux termes des dispositions de l'article 19 alinéa 2 du décret n°2002/648/PM du 26 Mars 2002 fixant les modalités d'application de la loi n° 001 du 16 Avril 2001 portant Code Minier : « La *demande de renouvellement d'un titre minier doit être faite quatre-vingt (90) jours et un an avant sa date d'expiration respectivement pour un permis de recherche et un permis d'exploitation sous peine de perdre le droit au renouvellement* ».

B. L'étendue du droit au renouvellement du titre minier

Le renouvellement du titre minier n'est pas ad vitam aeternam. Cette prérogative est limitée dans le temps. En effet : « Aux termes des dispositions de l'article 43 de la loi n° 2016/017 portant Code des Mines : «*Lorsque le titulaire d'un permis de recherche localise un gisement et démontre au Ministre chargé des Mines, étude de préfaisabilité à l'appui, qu'il ne peut l'exploiter dans les délais prévus,*

[91] BERGEL (J-L), *Théorie générale du droit, Dalloz,* 2012, p. 140
[92] BERGEL (J-L.), ibid.

il peut solliciter un changement de programme qui lui permettrait de poursuivre les travaux de recherche dans le périmètre, objet du permis de recherche pour une période supplémentaire de deux ans, non renouvelable ». «Quid de la perte du droit au renouvellement du titre minier ?

Paragraphe 2. La perte du droit au renouvellement du titre minier

La perte du droit au renouvellement du titre minier peut être volontaire **(A)** ou imposée **(B).**

A. La perte volontaire du droit au renouvellement du titre minier

Le titulaire d'un titre minier peut renoncer à exercer son droit au renouvellement **(1)** ou alors s'abstenir volontairement de s'acquitter de ces obligations vis-à-vis de l'administration des Mines **(2).**

1. La renonciation à l'exercice du droit au renouvellement du titre minier

Le propriétaire d'un titre minier peut renoncer à exercer son droit au renouvellement. Plusieurs arguments peuvent justifier cette démarche. Il arrivé que les travaux de recherche menés révèlent que le gisement n'est pas économiquement rentable. Dans cette hypothèse, le titulaire renoncera à solliciter le renouvellement de son titre minier. En effet, aux termes des dispositions de l'article 32 alinéa 1 : « *Le titulaire d'un titre minier qui désire renoncer tout ou partie informe le Ministre chargé des Mines à travers le Conservateur par note motivée avec accusée de réception (...)* ». Toutefois, il faut relever que la renonciation peut être partielle. C'est d'ailleurs ce qu'illustre l'alinéa 2 de l'article 32 précité qui dispose que : « *Si la renonciation ne porte que sur une partie du titre minier (...)* »

2. Le non-acquittement volontaire des obligations incombant au propriétaire d'un titre minier

Le propriétaire d'un titre minier est tenu d'un certain nombre de raisons, ce dernier refuse volontairement de s'acquitter de ses obligations vis-à-vis de l'administration des Mines. Quid de la perte imposée ?

B. La perte imposée du droit au renouvellement

La perte du droit au renouvellement peut être imposée au titulaire d'un titre minier soit du fait de l'exercice tardif de son droit au renouvellement **(1)**, soit à cause de la mauvaise exécution des obligations qui lui incombe **(2)**.

1. L'exercice tardif du droit au renouvellement

Aux termes des dispositions de l'article 19 alinéa 2 du décret n°2002/648/PM du 26 Mars 2002 fixant les modalités d'application de la loi n° 001 du 16 Avril 2001 portant Code Minier : « *La demande de renouvellement d'un titre minier doit être faite quatre-vingt (90) jours et un an avant sa date d'expiration respectivement pour un permis de recherche et un permis d'exploitation sous peine de perdre le droit au renouvellement* ». Il s'en sort donc que le titulaire d'un titre minier qui aura fait une demande de renouvellement après le délai prescrit par la loi, perd son droit au renouvellement de son titre. Il s'agit en réalité d'une sanction infligée au titulaire d'un titre minier qui a fait montre de négligence.

2. La mauvaise exécution des obligations incombant au titulaire du titre minier

Le propriétaire d'un titre minier est tenu d'un certain nombre d'obligations vis-à-vis de l'Administration. Et il doit faire montre de bonne foi dans l'accomplissement de ces obligations. Ainsi, le titulaire qui produit des rapports de mauvaise qualité peut se voir refuser son droit au renouvellement.

CONCLUSION DU CHAPITRE 2

Quelles sont les effets de l'acquisition d'un titre minier ? Dans la précédente analyse, nous avons montré que l'acquisition d'un titre minier donne droit à son titulaire le droit à une inscription de son titre dans le Registre des Titres Miniers. Et ensuite, le droit au renouvellement de son titre minier. Tout au long de notre analyse, nous n'avons pas de manquer de soulever les problèmes liés à la question et dans la même veine, nous avons essayé de trouver des solutions à ces problèmes.

CONCLUSION DU TITRE 1

Comment acquiert-on un titre minier ? C'est cette question que nous nous sommes attelés à répondre tout au long de cette partie. C'est ainsi que dans une première partie, nous avons analysé les conditions d'acquisition d'un titre minier. Lesquelles se subdivisent en conditions d'ordre subjectif d'une part et conditions d'ordre objectif. Dans un deuxième temps, nous avons analysé les effets de l'acquisition d'un titre minier que l'on peut résumer par le droit au renouvellement d'une part et d'autre part le droit de pouvoir signer une convention minière avec l'Etat.

TITRE 2. LA CONCLUSION D'UNE CONVENTION MINIERE AVEC L'ETAT

Aux termes des dispositions de l'article 44 alinéa 1 de la loi de 2016/017 portant Code Minier : « *En vue du développement et de l'exploitation d'une découverte minière ou de son financement, une convention minière est conclue entre le titulaire d'un permis de recherche et l'Etat* ». La question qui se pose est celle de savoir comment se forme la convention minière entre le titulaire d'un permis de recherche et l'Etat ? Avant de répondre à cette interrogation, il y'a lieu de s'interroger sur la nature juridique de la convention minière conclue entre l'Etat et le propriétaire d'un permis de recherche. Aussi l'analyse de la nature juridique d'une convention minière conclue avec l'Etat **(Chapitre 1)** précèdera celle de la conclusion d'une convention minière (**Chapitre 2).**

CHAPITRE 1. LA NATURE JURIDIQUE DE LA CONVENTION MINIERE CONCLUE AVEC L'ETAT

Quelle est la nature juridique de la convention minière conclue entre l'Etat et le titulaire d'un permis de recherche ? Dans quelle catégorie juridique peut-on classer la convention minière conclu entre l'Etat et le titulaire d'un permis de recherche ? Peut-on classer cette convention dans la catégorie des contrats administratifs ou comme un contrat d'Etat ? Pour répondre à notre interrogation, nous pouvons dire que s'il n'existe pas des liens de filiations solides entre la convention minière et les contrats administratifs **(Section 1),** nous constatons l'existence d'une filiation forte entre la convention minière et les contrats d'Etats (**Section 2).**

SECTION 1. L'ABSENCE DE LIEN DE FILIATION SOLIDE ENTRE LA CONVENTION MINIERE ET LES CONTRATS ADMINISTRATIFS

Dans le droit des contrats miniers camerounais, la convention minière conclue entre l'Etat et le titulaire d'un permis de recherche est à priori rattachée dans la catégorie juridique des contrats administratifs. Le contrat, dans la sphère des activités publiques, apparaît comme un procédé traditionnel et fort ancien[93]. Le contrat administratif peut être défini comme un contrat conclu par au moins une personne publique et dont la connaissance appartient au juge administratif. Il peut être qualifié de tel par la loi, ou par la jurisprudence s'il porte sur l'exécution d'un service public ou comporte des clauses exorbitantes du droit commun. On peut distinguer plusieurs types de contrat administratif, notamment : Les marchés publics, les offres de concours, les contrats d'emprunt public, les contrats d'occupation du domaine public, les contrats de délégation de service public, les contrats de partenariat public-privé[94].

---

[93] FRIER (P-L.), PETIT (J.), *Droit administratif, 12ème édition, Précis Domat,* 2018-2019,p. 402

[94] Depuis la fin des années 1980, sous la pression de nécessités financières et l'influence d'exemples étrangers (notamment celui du Royaume-Uni avec les contrats de *Private Finance Initiative*), les pouvoirs publics ont imaginé de nouveaux montages contractuels destinés à la réalisation d'équipements publics dont la caractéristique principale était la globalité de la mission confiée au contractant. D'abord institués dans certains secteurs et selon des modalités variables, ces « contrats globaux » ont fait l'objet, sous la dénomination de « contrats de partenariat » d'un texte de portée générale : l'ordonnance n° 2004-559 du 17 juin 2004.

Dans l'analyse qui va suivre, il sera question la tentative de classification de la convention minière conclue par l'Etat dans la catégorie des contrats miniers est discutable. Ce qui nous amènera à mettre en exergue l'absence d'un lien de filiation solide aussi bien entre la convention minière et les marchés publics **(Paragraphe 1)**, que la convention minière et les concessions de service public. (**Paragraphe 2).**

Paragraphe 1. La convention minière conclue par l'Etat : Un marché public ?

Quel peut être le fondement d'une telle affirmation ? Et quelle est sa portée ? L'analyse de la solution de principe **(A)** précèdera celle de la portée de la solution de principe **(B)**.

A. La solution de principe

Aux termes des dispositions de l'article 4 de la loi n° 2016/017 du 14 Décembre 2016 portant Code Minier la convention minière comme : « *un contrat de partenariat entre l'Etat et le titulaire d'un permis de recherche, définissant les dispositions relatives au développement et à l'exploitation d'une découverte minière, y compris les opérations de fermeture et de remise en état du site.* » Si cette définition a le mérite de la simplicité car elle permet de comprendre facilement le montage juridique d'une convention minière dans sa conception restrictive, on ne saurait manquer de souligner que cette définition n'épuise pas tous les problèmes surtout celui de la catégorie juridique de rattachement de ce contrat. Car qualifier la convention minière de « *convention de partenariat* » n'apporte aucune information sur le point de savoir si elle relève du droit public ou alors du privé. Pour lever un pan de voile sur cette difficulté, il faudrait que cette définition soit complétée par les dispositions de l'article 2 de la loi n° 2006/012 du 29 Décembre 2006 portant régime général des Contrats de partenariats qui dispose que : « *Le contrat de partenariat est un contrat par lequel l'Etat ou l'un de ses démembrements confie à un tiers, pour une période déterminée, en fonction de la durée d'amortissement des investissements ou des modalités de financement retenues, la responsabilités de tout ou partie des phases d'un projet d'investissement (...)* » De ce qui précède, il ressort que la convention minière est un contrat de partenariat. Lorsqu'on s'appuie sur la doctrine administrativiste pour comprendre à quoi correspond la notion de contrat administratif, elle nous enseigne que les marchés publics et les concessions ont à l'origine et pendant longtemps été conçus comme deux catégories de contrat nettement différentes, tant par leurs caractéristiques que, corrélativement par leur régime[95]. Le marché se présentait, schématiquement, comme un contrat par lequel une collectivité publique achète à une entreprise les moyens matériels nécessaires à l'exécution de ses missions de service public. Ces caractéristiques ont de longue date été considérées comme impliquant sa passation soit subordonnée à des obligations de publicité et de mise en concurrence des entreprises intéressées[96]. Ces caractéristiques étaient considérées comme impliquant le libre choix du concédant. En France, la division fondamentale des contrats de l'administration a été remise en cause par la volonté, notamment du droit de l'Union européenne, de garantir la concurrence dans tous les contrats par lesquels l'administration fait appel à des opérateurs économiques, que ce soit pour se procurer les moyens matériels de son fonctionnement ou pour leur confier l'une de ses missions. Initialement, les contrats de partenariat constituaient une catégorie particulière de contrats de la commande publique, différente aussi bien des concessions que des marchés publics (du moins au sens du Code des Marchés publics), en raison de la mission confiée au contractant et du mode de rémunération de celui-ci. Au regard des directives européennes, ils n'en constituaient pas moins des marchés publics. En faisant sienne la notion européenne du marché public, l'Ordonnance du 23 Juillet 2015 a permis de faire entrer les contrats de partenariat dans la notion de marché : Les « marchés de partenariat » ont été ainsi remplacé les contrats de partenariat ». Ces marchés sont, en principe, soumis aux règles générales des marchés énoncées dans la première partie de l'ordonnance du 23 Juillet 2015. La spécificité des marchés de partenariat touche, à des degrés variables, les trois éléments constitutifs de la notion de marché[97]. Elle est assez faible concernant l'élément organique. Le principe est en effet que les marchés de partenariat peuvent être conclus par tout acheteur ; il existe toutefois des exceptions. C'est surtout à son objet que tient la singularité du marché de partenariat. Il s'agit toujours de répondre aux besoins de l'acheteur mais en confiant à un opérateur économique non pas une prestation précise, mais une mission globale, que l'ordonnance du 23 Juillet 2015 a encore élargie. Il y'a déjà une spécificité du régime du marché de partenariat. Une autre particularité

---

[95] FRIER (P-L.), PETIT (J.), op cit, p.516
[96] FRIER (P-L.), PETIT (J.), ibid. n°735
[97] Ibid.

importante concerne les conditions de l'utilisation de ce type de contrat. Celles-ci découlent de la jurisprudence du Conseil Constitutionnel français[98]. Selon celle-ci, la technique du contrat global déroge aux règles de droit commun de la commande publique ou de la domanialité publique. Or ces règles sont autant de garanties d'exigences constitutionnelles (libre et égal accès à la commande publique, bon emploi des derniers publics, protection des propriétés publiques). Dans ces conditions, la généralisation des dérogations inhérentes au contrat de partenariat priverait de garanties ces exigences. Il convient donc de n'admettre l'usage du partenariat que dans les cas où une autre exigence constitutionnelle ou un motif d'intérêt général le justifie. Initialement au nombre de deux (urgence ou complexité du projet), puis porté à trois (bilan plus favorable que celui des autres contrats de la commande publique), ces cas sont ramenés à l'unité par l'ordonnance du 23 juillet 2015 (art. 75-I) : l'acheteur doit démontrer au regard d'un certain nombre de paramètres, que le marché de partenariat présente « *un bilan plus favorable, notamment sur le plan financier, que celui des autres contrats de la commande publique* ». Cette solution est-elle applicable au Cameroun où la convention minière est qualifiée de contrat de partenariat. En d'autres termes, la convention minière est-elle un marché public ? La réponse à cette question peut paraitre simple mais elle n'est pas évidente. Pour répondre à cette question, il faut se retourner vers la loi n°2006/012 fixant le régime des contrats de partenariat. Même si à la lecture de cette loi, on peut aisément déterminer si oui ou non la convention minière constitue ou non un marché public. A ce sujet, les enseignements tirés de la doctrine publiciste française seront très édifiant. En transposant *mutatis mutandis* ce raisonnement dans le contexte camerounais, il en ressort donc que le contrat de partenariat public est un marché public. Toute chose de nature à justifier la thèse suivant laquelle à priori la convention minière peut être classée dans la catégorie des marchés publics : Tel est la solution de principe. Mais est donc la portée pratique de cette solution de principe ?

[98] Cons. Const. N° 2003-473 DC du 26 juin 2003, *AJDA* 2003. 2348, étude E. Fatône et L. Richer ; Cons. Const. N° 2004-506 DC du 2 déc. 2004, R. 211 ; Cons. Const. N° 2008-567 DC du 24 juill. 2008, *AJDA* 2008. 1664, note Dreyfus

B. La portée de la solution de principe

La question que nous posons est celle de savoir si en classant la convention minière conclue avec l'Etat dans la catégorie de contrat administratif, le droit minier a tiré toutes les conséquences de droit qui sont attachées à cette catégorie juridique ? Nous répondons à cette question par la négative. Le Code minier camerounais ne tire pas les conséquences inhérentes à la classification. Deux arguments militent en faveur de cette idée. Le premier argument est d'ordre procédural. En effet, aux termes des dispositions de l'article 2 alinéa 3 de la loi n° 2006/022 du 29 Décembre 2006 fixant l'organisation et le fonctionnement des Tribunaux Administratifs : « *Le contentieux administratif comprend : (...) c. Les litiges concernant les contrats (à l'exception de ceux conclus même implicitement sous l'empire du droit privé) (...)* ». En clair, si l'on se fie à cette disposition, si un litige survient à propos de la convention minière considérée comme un marché public, il doit être tranché par les juridictions administratives. Cependant, dans la pratique ou de mémoire d'homme, le juge administratif[99] n'a jamais connu de litiges relatif à l'interprétation des conventions minières. D'ailleurs, ces conventions ne sont pas considérées comme étant des contrats administratifs. Le deuxième argument d'ordre logique tient à l'acceptabilité même du rattachement de la convention minière dans la catégorie de contrat administratif. En effet, la loi n° 2006/022 du 29 Décembre 2006 fixant l'organisation et le fonctionnement des Tribunaux Administratifs a été adoptée le même jour que la loi n°2006/012 du 29 Décembre 2006 portant le régime général des contrats de partenariat. La question de pure logique qui se pose est celle de savoir si le contrat de partenariat faisait partie « *des litiges concernant les contrats* » soumis au contentieux administratifs ? On pourrait nous objecter l'adage latin « *Ubi lex non distinguit, nec nos distinguere debemus* »[100]. Malgré l'implacabilité de cet argument, nous pensons qu'une solution est très réductrice car elle ne tiendrait pas compte de la spécificité des contrats miniers et même des enjeux qui y sont liées. Dès lors qu'il y a contrat administratif, s'applique pour

---

[99] Cependant, il faut souligner que le juge administratif camerounais est compétent pour connaitre du contentieux des titres miniers qui sont des Actes de l'Administration faisant grief

[100] Il n'y a pas lieu de distinguer lorsque la loi ne distingue pas.

l'essentiel le régime juridique propre à ces contrats[101]. En cas de dommage, la responsabilité peut aussi être engagée, dans des conditions particulières. Ce n'est malheureusement pas le cas de la convention minière conclu avec l'Etat. Une solution plus nuancée qui s'infère de l'interprétation de la loi consisterait à dire que tous les contrats miniers quoiqu'étant des contrats de partenariat ne sont pas des marchés publics. Quid de la classification de la convention minière dans la catégorie de la concession de service public ?

Paragraphe 2. La convention minière conclue par l'Etat : Une concession de service public ?

L'analyse de la solution de principe **(A)** précèdera celle de la portée de cette solution de principe **(B).**

A. La solution de principe

Procédé original et assez surprenant puisqu'il transfère la gestion d'une activité publique à des organismes privés, la concession s'explique par le contexte historique de son apparition. En effet, l'Administration, à l'époque libérale, ne se mêle pas aux activités industrielles ou commerciales. Lorsque, par nécessité, elle assume, malgré tout, une activité de cette nature, elle le fait sans s'engager elle-même directement : elle **confie l'exploitation du service à une personne privée par voie de contrat**[102]**.** Dans la plupart des législations minières les conventions minières sont qualifiées de concessions minières[103], cela revient à dire que la convention minière est un contrat administratif Les concessions, quant à elles, apparaissent comme des contrats par lesquels l'administration confie à une entreprise (service public et/ou travaux publics), le concédant se rémunérant par l'exploitation du service ou de l'ouvrage public par lui construit. L'utilisation de la concession sous-entend l'existence d'un service public, et, en particulier, d'un service public industriel et commercial. Par hypothèse, c'est celui-ci qui constitue la raison d'être de la concession (avec laquelle on ne doit pas confondre des contrats de fournitures de biens ou de prestations de services). Un contrat est à la

---

[101] DUPUIS (G.), GUEDON (M-J.), CHRETIEN (P.), *Droit administratif*, 10ème édition, 2007, p. 410

[102] DUPUIS (G.), GUEDON (M-J.), CHRETIEN (P.), ibid., p. 540

[103] Ibid.

base du système. L'administration concédant a le libre choix du concessionnaire mais il faut d'abord assurer la publicité de son projet et provoquer ainsi une mise en concurrence, selon la procédure imposée par la loi du 29 Janvier 1993. La convention est assortie d'un cahier de charges qui est un acte mixte. En effet, aux clauses contractuelles qui résultent d'un véritable accord entre les parties et qui concernent essentiellement les aspects financiers et la durée de la concession s'ajoutent des clauses règlementaires[104] que l'Administration concédant impose au concessionnaire quant à l'organisation et au fonctionnement du service. La caractéristique essentielle de la concession concerne les rapports des acteurs : Le concédant, le concessionnaire, lequel à la charge des équipements nécessaires. Mais si l'Administration est ainsi à l'abri des aléas commerciaux, elle conserve la direction de l'activité. Sans doute cet équilibre est-il la raison du succès de ce procédé. La situation n'est pas aussi simple, mais le principal critère de la concession demeure bien, dans la plupart des cas, le mode de rémunération du concessionnaire : il s'agit des redevances versées par les usagers (conformément à un tarif fixé dans la convention). L'influence de faits nouveaux entrainant un déséquilibre financier peut nécessiter une indemnisation du concessionnaire et les jurisprudences du fait du prince et l'imprévision s'appliquent en cette matière. Traditionnellement, il existait en droit administration deux grands types de concession : La concession de service public et la concession de travaux publics. La première se présentait comme une convention par laquelle une personne publique (le concédant) confie à une autre personne publique ou privée (le concessionnaire) la charge d'assurer l'exploitation d'un service public, à ses frais et risques, la rémunération du concessionnaire résultant du produit des redevances qu'il perçoit sur les usagers du service. Quant à la seconde, elle constituait un contrat par lequel une personne publique, le concédant, charge une autre personne, le concessionnaire, de réaliser un travail public et d'exploiter l'ouvrage public qui en résultera, en se rémunérant par la perception de redevances sur les usagers de l'ouvrage.

Le plus souvent, ces deux contrats étaient en réalité liés. En général, le concessionnaire de service public a d'abord la charge de

---

[104] V. CE 10 juill. 1996, *Cayzeele*, *AJDA* 1996.807, Chron. D. Chauvaux et T.-X. Girardot cité par DUPUIS (G.), GUEDON (M-J.), CHRETIEN (P.), ibid., p. 540 note 4

construire les ouvrages nécessaires à l'exécution du service avant d'exploiter l'ouvrage et le service. Le contrat se présentait alors comme une concession de service public et de travaux publics. La concession d'autoroutes en donnait un exemple typique. Cependant, on note une certaine évolution du droit administratif français sur la question. En effet, En vue de soumettre l'ensemble des contrats confiant la gestion d'un service public à un tiers à des règles de publicité et de mise en concurrence, la loi du 29 janvier 1993(dite « Loi *Sapin*) a introduit une nouvelle notion, englobant la concession de service public mais plus large qu'elle, celle de contrat de délégation de service public. Cette notion avait initialement été définie par la jurisprudence[105].Cette définition a été reprise et un peu élargie par l'article 3 de la loi du 11 décembre 2001 portant mesures urgentes de réforme à caractère économique et financier. Ce texte définissait la délégation de service public comme « *un contrat par lequel une personne morale de droit public confie la gestion d'un service public dont elle a la responsabilité à un délégataire public ou privé dont la rémunération est substantiellement liée aux résultats de l'exploitation* ». Il ressort de ce texte que la délégation de service publics et définissait à la fois par son objet – confier la gestion d'un service public–et par le mode rémunération du cocontractant, cette rémunération devant pour une part substantielle, être liée aux résultats de l'exploitation. Cette notion doit être précisée dans ses deux éléments. En premier lieu, le lien de la rémunération avec les résultats de l'exploitation pouvait se présenter sous deux formes. Soit il s'agissait de recettes tirées de l'exploitation du service, principalement (mais pas exclusivement) sous la forme de redevances perçues sur les usagers, soit on avait affaire à une rémunération versée par l'administration mais qui variait en fonction des résultats de l'exploitation (par exemple en fonction du nombre d'usagers s'agissant d'un service public de transports[106]).Quant à l'exigence qu'une part substantielle de la rémunération soit liée aux résultats de l'exploitation, elle avait été interprétée par le Conseil d'État, sous l'influence du droit européen, comme impliquant qu'une part

---

[105] CE 15 avr. 1996, *Préfet des Bouches-du-Rhône*, R. 137, *RFDA* 1996.716, conclu. Chantepy. Cité par FRIER (P-L.), PETIT (J.), op cit, p. 526 note 1253.
[106] CE, 7 nov. 2008, *Département de la Vendée*, *AJDA* 2008.2454, note L. Richer. Cité par FRIER (P-L.), PETIT (J.), op cit, p. 526 note 1254

significative du risque d'exploitation soit transférée au délégataire[107]. Dans la plupart des législations minières, on parle de concessions minières accordées au titulaire d'un permis de recherche qui a reçu à mettre en évidence l'existence d'un gisement. C'est la raison pour laquelle on a tendance à dire que l'Etat octroie une concession minière à la société minière. La question qui se pose est donc celle de savoir quelle est la portée de cette solution qui consiste à rattacher la convention minière conclue avec l'Etat dans la catégorie des concessions de service public ?

B. La portée de la solution de principe

La question que nous posons est celle de savoir si en classant la convention minière conclue avec l'Etat dans la catégorie de concession de service public, le législateur camerounais a-t-il tiré toutes les conséquences de droit qui sont attachées à cette catégorie juridique ? Comme avec le marché public, nous relevons pour le déplorer qu'en classant la convention minière conclue avec l'Etat dans la catégorie juridique des concessions de service public, une fois de plus le législateur n'a pas tiré toutes les conséquences juridiques qui s'imposaient à lui. La première raison et non des moindres est celle de l'inaptitude du juge administratif camerounais à connaitre des litiges relatifs à la convention minière. Alors qu'il ressort en filigrane des dispositions de l'article 2 alinéas 3 de la loi n° 2006/022 du 29 Décembre 2006 fixant l'organisation et le fonctionnement des Tribunaux Administratifs que les litiges relatifs aux concessions de service public relèvent du contentieux administratif. Le deuxième argument porte sur la nature de la concession publique elle-même. L'utilisation de la concession sous-entend l'existence d'un service public. Or, dans le contexte camerounais, le titulaire d'un permis mène une activité commerciale. Il s'agit d'un investissement personnel du titulaire du permis de recherche. Et même, l'esprit de la convention minière diffère largement de la concession de service public. Toute chose qui nous amène à conclure que c'est à tort que l'on tente de rattacher la convention minière dans la catégorie de la convention minière.

---

[107] CE 7 nov. 2008, *Département de la Vendée*, préc. : Dès lors qu'une « part significative du risque d'exploitation demeure à la charge du cocontractant, sa rémunération doit être regardée comme substantiellement liée aux résultats de l'exploitation » Cité par FRIER (P-L.), PETIT (J.), op cit, note 1255

Au regard de ce qui précède, force nous ait donné de constater que le lien de filiation que l'on a vainement tenté d'établir entre la convention minière et les contrats administratifs n'est pas solide ou du moins inexistant. Quid de l'existence d'un lien de filiation entre la convention minière conclue avec l'Etat et le contrat d'Etat ?

SECTION 2. L'EXISTENCE D'UN LIEN DE FILIATION FORT ENTRE LA CONVENTION MINIERE ET LES CONTRATS D'ETATS

Nous pensons qu'il existe un lien de filiation fort entre la convention minière et les contrats. Qu'est-ce qui justifie l'existence d'un lien de filiation fort entre la convention minière et les contrats d'Etat ? Quelles sont les conséquences de l'existence d'un lien de filiation fort entre la convention minière et les contrats d'Etat ? L'analyse ci-dessous s'attèlera tour à tour à montrer les fondements de l'existence d'un lien de filiation fort entre la convention minière et les contrats d'Etat (**Paragraphe 1)** d'une part et d'autre part les conséquences d'un lien de filiation fort entre la convention minière conclue avec l'Etat et les contrats d'Etat (**Paragraphe 2**.)

Paragraphe 1. Les Justificatifs de l'existence du lien de filiation entre la convention minière et les contrats d'Etat

L'existence d'un lien de filiation entre la convention minière conclue avec l'Etat et les contrats d'Etats se justifie par le fait que la description des contrats d'Etat **(A)** correspond *mutatis mutandis* à la description de la convention minière **(B).**

A. La description des contrats d'Etat

La description des contrats d'Etat nous impose d'expliquer ce qu'il convient d'entendre par « contrats » **(1)** et de présenter les éléments caractéristiques qui permettent de les distinguer d'autres catégories juridiques voisines comme les contrats administratifs (**2**).

1. La notion de contrat d'Etat

Un contrat d'Etat peut être défini comme un accord de volonté entre un Etat et une personne privée étrangère en vue d'atteindre certains objectifs[108]. A l'origine, ce concept a été employé pour la première fois par le Britannique F. A. Mann[109]. Les contrats d'Etats ont joué un rôle majeur dans le processus d'investissement étranger direct. Il faut dire que même si la notion de « contrats d'Etat » a acquis une certaine notoriété dans le droit de l'investissement, il faut dire qu'elle ne fait pas l'unanimité en doctrine. Même par commodité, les auteurs s'accordent sur les caractères qui permettent de la distinguer d'avec les contrats administratifs.

2. Les éléments caractéristiques des contrats d'Etat

Ce qui permet de distinguer les contrats d'Etat d'avec les autres contrats administratifs est la qualité des cocontractants. D'une part il y'a l'Etat et d'autre part une personne privée étrangère.

De quel Etat s'agit-il ? La question s'est posée dès les premiers travaux de doctrine sur les contrats d'Etat. Dès son cours de 1969 à l'Académie de droit international de la Haye, le Professeur Weil abordait cette question et il y reviendra par la suite. Il entendait la notion d'Etat contractant « *d'une manière à la fois large et étroite* »[110]. Au sens étroit, il s'en tenait aux contrats passés par des Etats à l'exclusion d'une part de ceux conclus par des organisations internationales, d'autre part, de ceux passés par des subdivisions politiques ou administratives des Etats (Etats membres d'un Etat fédéral, Régions, Communes...). Entendant cette notion de manière large, il considérait comme contrats d'Etats « *Les accords conclus par des organismes mi- publics, mi- privés intervenant pour le compte de l'Etat si bien possédant une personnalité juridique distincte* »[111]. Et il citait, à titre d'illustration, comme cas atypique d'organismes juridiquement indépendants mais qu'il assimilait néanmoins à l'Etat contractant, la National Iranian Oïl Company (NIOC), organisme commercial dont le capital est divisé en actions, assumant une mission et revêtant cependant une « *nature essentiellement publique, puisque aussi bien ses organes dirigeants sont désignés par les pouvoirs publics et qu'elle prend dans ses contrats des engagements*

[108] KAMTO (M.), « La notion de contrat d'Etat : Une contribution au débat », in, *Revue de l'arbitrage*, 2003, N°3, p. 721, note 6.
[109] Ibid.
[110] WEIL (P.), « Problèmes relatifs aux contrats passés entre un Etat et un particulier », *RCADI,* 1969.104
[111] Ibid., p. 105

pour le compte de l'Etat iranien ». L'auteur fit alors son choix : « *Bien que la jurisprudence soit hésitante, il est permis, aux fins de la présente étude, d'y voir un organe de l'Etat et de le considérer les contrats passés par elle comme des states contracts* ». En toute rigueur de terme, on devrait distinguer les contrats conclus entre les gouvernements d'un Etat et une entreprise étrangère de ceux conclus entre une entreprise publique ou parapublique, ou une société d'Etat et une entreprise privée étrangère : Seuls les premiers devraient recevoir l'appellation de contrats d'Etats. Les autres étant des contrats privés ou assimilés puisque les contractants se placent sous l'empire du droit commun des contrats entre personnes privées. Quid de l'entreprise étrangère ?

D'un côté l'Etat et de l'autre une personne privée. Celle-ci peut être aussi un organisme étatique à caractère industriel et commercial dont le capital est détenu entièrement ou en grande partie par l'Etat. En pratique, il va sans dire qu'une telle personne « *privée* » de par le droit qui régit ses activités n'échappera pas à l'influence de son propriétaire et souvent actionnaire unique qui est l'Etat, ce d'autant moins que dans certains cas l'habillage juridique « privé » masque à peine la présence étatique. Les auteurs mentionnaient déjà dans les années 1960 des cas des contrats conclus par la *National Iranian Oïl Company* dans lesquels cette société s'engageait à ce qu'aucune mesure ou administrative ne vienne annuler ou modifier l'accord sans le consentement de l'autre partie. A l'évidence, la NIOC se confondait en fait l'Etat iranien. Mais le montage juridique était critiquable. Dans la doctrine des contrats d'Etat, l'entreprise étrangère cocontractante est plus souvent une personne privée classique et non par assimilation. Avec l'Etat contractant, elle est en situation d'inégalité[112]. Il s'agit d'une inégalité juridique bien plus qu'économique ou financière, les entreprises étrangères, multinationales étant souvent que les Etats en développement avec lesquels elles contractent même si les rapports de force ont quelque fois fluctué. D'un côté, une puissance souveraine disposant des pouvoirs les plus étendus : L'Etat ; de l'autre, une personne privée tirant son pouvoir des seuls engagements contractuels de l'autre partie : l'entreprise étrangère. Toutefois, nous ne saurons clore nos développements sans souligner la gêne qui la nôtre sur la qualité de la personne privée dont la doctrine s'accorde pour dire qu'elle doit avoir une nationalité étrangère. Est-ce donc à dire qu'en l'absence de cet élément d'extranéité, il n'y a pas de

[112] KAMTO (M.), op. cit. note 30

contrat d'Etat ? Nous pensons que le vocable « étranger » doit être supprimé. Car, il y'a eu beaucoup d'évolutions sur le plan économique de telle en sorte qu'il existe des nationaux de par l'importance de leurs fortunes personnelles et de leurs entregents dans le secteur bancaire et même des marchés boursiers sont à même de conclure des contrats d'Etat. Quid du mode des règlements des litiges ?

B. Une correspondance *mutatis mutandis* entre le contrat d'Etat et la convention minière

Pourquoi classer les conventions minières conclues avec l'Etat dans la catégorie des contrats d'Etats ? Les conventions minières sont classées dans la catégorie des contrats d'Etat parce que mutatis mutandis, elles correspondent beaucoup plus à type de contrats. Dans la conclusion d'une convention minière, on a d'une part l'Etat et une personne privée. La question que l'on se pose alors est celle de savoir ce qui diffère le contrat d'Etat d'avec les contrats administratifs au point d'en faire catégorie juridique distincte ? La raison est fort simple. Les contrats d'Etat nécessitent souvent la mobilisation des capitaux importants que la personne privée souhaite protéger. En raison de ce genre de contrôle et de pouvoir discrétionnaire découlant de la politique nationale, l'équilibre des droits et des obligations dans les contrats d'État peut favoriser la partie gouvernementale, pour des motifs politiques que celle-ci peut juger entièrement légitimes. Cependant cet équilibre peut exposer la partie contractante privée au risque de compromettre les attentes commerciales qui l'ont amenée à conclure le contrat. Au regard de la condition juridique des deux contractants, il y'a lieu de dire que le contrat d'Etat repose sur un « *pied et demi* »[113], parce qu'il est le produit de deux sujets de droit de nature différente et tirant leur existence et leur capacité juridique du même ordre juridique. C'est pour corriger voir atténuer ce déséquilibre juridique que l'entreprise étrangère[114] négocie généralement l'arbitrabilité du litige, et l'insertion des clauses diverses telle les clauses de stabilisation, une clause compromissoire. Tout comme le contrat d'Etat, la convention minière est « *un accord d'investissement* » que le titulaire d'un permis de recherche souhaite conclure avec l'Etat. En l'absence d'une définition conventionnelle,

---

[113] L'expression est empruntée au Doyen Maurice KAMTO dans son article précité

[114] Personnellement ne partageons pas cette expression, nous préférons entreprise tout court

c'est aux juridictions arbitrales sous les auspices du CIRDI qu'est revenue la tâche de définir l'investissement. Deux théories ont été élaborées à cette fin : La théorie subjective ou volontariste et la théorie autonome.

La théorie subjective consiste à déduire l'existence d'un investissement au sens de la Convention de Washington du seul accord des parties. Elle conduit à la fusion de la condition d'investissement avec celle relative au consentement. Il en découle que le CIRDI sera compétent dès que les parties implicitement ou explicitement, en consentant à l'arbitrage dans un contrat, dans un traité de protection d'investissement ou dans une loi nationale d'investissement, considèrent que l'opération litigieuse est constitutive d'un investissement. La théorie subjective semble trouver un écho dans le rapport des administrateurs de la Banque qui dispose qu'« *Il n'a pas été jugé nécessaire de définir le terme « investissement* », compte tenu du fait que le consentement des parties constitue une condition essentielle et compte tenu du mécanisme par lequel les Etats contractants peuvent, s'ils le désirent, indiquer à l'avance les catégories de différends qu'ils seraient ou ne seraient pas prêts à soumettre au Centre (article 25(4)) »[115]. Elle a été suivie dans les affaires *Antoine Goetz et autres c. / République de Burundi*[116] et dans l'affaire *Middle East Shipping and Handling c. / Egypte*[117]. Dans ces deux affaires, les tribunaux arbitraux se sont contentés de vérifier si l'opération litigieuse est visée par l'accord arbitral des parties pour la qualifier d'investissement protégé au sens de la Convention de CIRDI.

La théorie objective, en revanche, pose des critères autonomes ou objectifs à la qualification d'investissement. La qualification d'investissement ne dépend pas de la volonté des parties ou de leur consentement à l'arbitrage mais de la réunion des critères objectifs qui constituent au regard de la Convention de Washington la définition de

---

115 § 27, Rapport disponible sur le site [http://www.worldbank.org/icsid/basicdoc-fra/partBsection05.htm]

116 Antoine Goetz and others v. Republic of Burundi, ICSID Case No. ARB/95/3, February 10, 1999, 15 ICSID Rev. 457 (2000).

117 Middle East Cement Shipping and Handling Co. S.A. v. Arab Republic of Egypt, ICSID Case No. ARB/99/6, April 12, 2002, 18 ICSID Rev. 602 (2003)

l'investissement. La décision *Salini c/ Maroc*[118] contient la première définition objective générale de la notion d'investissement qui a été reprise par les décisions postérieures. Le tribunal arbitral a jugé que l'investissement au sens de la Convention de Washington supposait « *des apports, une certaine durée d'exécution et une participation aux risques de l'opération* ». Il a également ajouté à ces conditions, en se référant au préambule de la Convention de Washington, une condition relative à « *la contribution au développement économique de l'Etat d'accueil de l'investisseur* ». Connue sous nom de « critères Salini », cette définition objective, fondées sur les 4 critères cumulatifs évoqués a été reprise par les tribunaux arbitraux statuant dans les affaires Consortium *R.F.C.C. c. / Maroc*[119], *Joy Mining c. / Egypte7* et *Jan de Nul N.V. & Dredging International N.V. c. Égypte8*. On retient plus particulièrement que dans l'affaire Joy Mining, les arbitres affirment que « 49. *Le fait que la Convention n'ait pas défini la notion d'investissement ne signifie pas que tout ce que les parties auront été d'accord pour qualifier d'investissement entrera dans la notion d'investissement au sens de la Convention...la liberté*. Généralement, on considère qu'un investissement doit comprendre cinq éléments : Une contribution en argent ou en biens, un retour en termes de profits ; un risque pris par les deux contractants, une certaine durée ; enfin, l'opération doit revêtir une certaine importance pour le développement de l'Etat-hôte. Les domaines possibles d'investissements sont multiples et variés : concessions minières, pétrolières, concessions de distribution d'eau ou d'électricité, projets industriels de production de biens ; projet de fourniture de services, tels transports, administration d'infrastructures, traitement d'ordures, gestion de complexes hôteliers, constructions, services bancaires et financiers. Ce sont là quelques exemples puisés dans la jurisprudence du CIRDI[120]. Quid des conséquences ?

---

[118] Consortium R.F.C.C. c. / MAROC, ICSID Case No. ARB/00/6, Décision sur la compétence, 1er juillet 2001, paras. 58–66, available at <www.worldbank.org/icsid/cases>.

[119] Consortium R.F.C.C. c. / MAROC, ICSID Case No. ARB/00/6, Décision sur la compétence, 1er juillet 2001, paras. 58–66, available at <www.worldbank.org/icsid/cases>.

[120]KAUFMANN-KOHLER (G.), « L'arbitrage d'investissement : entre contrat et traité-entre intérêts publics », inédit P.9 note 11

Paragraphe 2. Les conséquences de l'existence d'un lien de filiation fort entre la convention minière et les contrats d'Etat

La classification de la convention minière dans la catégorie des contrats d'Etat a des conséquences tant sur le choix du droit applicable à la convention minière **(A)** que sur le règlement des différends **(B).**

A. Le choix de la loi applicable à la conclusion de la convention minière

Pour le choix de la loi applicable à la convention minière, il existe une solution de principe **(1)** qui admet des exceptions **(2).**

1. La solution de principe

Toute convention minière est en principe soumise à un droit interne. Si le droit national applicable est le droit de l'Etat contractant, un contrat se trouve soumis à ce droit tel qu'il évolue dans le temps, et donc aux modifications législatives et réglementaires qui peuvent affecter l'équilibre.

2. L'exception

Il est clair que la soumission des conventions minières conclues avec l'Etat au droit de ce dernier qui est en même temps souverain et partie à un contrat entraîne des risques de modification unilatérale par la partie étatique des termes du contrat, et de son équilibre financier. Dans le cas d'investissements importants, s'étendant sur le long-terme, ces risques juridiques ont parfois paru trop considérables pour être courus. Les parties à un accord, Etat et investisseur étranger ou non, sont convenues de le soustraire à l'empire du seul droit de l'Etat contractant. A cette fin, deux techniques juridiques ont été élaborées : La soumission des conventions minières au droit international ou aux principes généraux de droit, pour tout ou partie, et le gel du droit de l'Etat contractant à un moment donné, sous la forme des clauses de « stabilisation »[121]. En ce

---

[121] « La clause de stabilisation » a été conçue entre les deux guerres mondiales, par les sociétés pétrolières américaines, voulant se prémunir contre les risques de nationalisation par les Etats d'Amérique Latine, producteurs de pétrole. Sur la question lire WEIL(P.), « Les clauses de stabilisation ou d'intangibilité insérées dans les Accords de développement économiques », inédit (disponible sur www.google.fr page consultée le 18 Mars 2022)

domaine, si la pratique a fréquemment devancé la théorie, elle s'est aussi accompagnée d'une légitimation doctrinale. Quid du règlement des différends soulevés par la convention minière ?

B. Le règlement des différends soulevés par la convention minière

Le règlement impartial et efficace des différends est un élément essentiel dans la protection des investisseurs dans le secteur minier. Comment règle-t-on les différends soulevés par la convention minière ? Pour le règlement des différends soulevés par la convention minière, il existe une solution de principe **(1)** qui admet toutefois certaines exceptions **(2).**

1. La solution de principe

Dans les années soixante, pour favoriser le développement des pays non industrialisés, il s'est avéré nécessaire de créer des conditions-cadre afin que les capitaux étrangers affluent. Il fallait promouvoir les investissements et, pour cela, donner confiance aux investisseurs et sécuriser leurs apports. Dans ce but, on peut bien sûr accorder des garanties contractuelles ou financières. Toutefois, quand celles-ci échouent, le litige est inévitable. Pour sécuriser réellement l'investissement, il faut encore mettre à disposition un mécanisme fiable de règlement des différends. Quel mécanisme envisager ? Le recours aux tribunaux étatiques n'est pas satisfaisant. A tort ou avec raison, l'investisseur étranger craindra la partialité des tribunaux de l'Etat-hôte[122]. Quant à ceux de l'Etat de l'investisseur, le gouvernement-hôte, mais il est peu probable qu'il offre la sécurité nécessaire. On se tournera alors très naturellement vers l'arbitrage international. On pourrait penser à un arbitrage international mené dans un lieu neutre, dont la législation régirait l'arbitrage. Mieux encore, on peut concevoir un arbitrage réellement international, détaché de tout droit national comme de toute juridiction nationale. C'est cette idée d'un arbitrage réellement international qui a inspiré la Convention CIRDI conclue en 1965, entrée en vigueur en 1966.

Mais l'arbitrage selon la convention CIRDI n'est pas le seul type d'arbitrage international d'investissement. Il y'en a d'autres. Ainsi

---

[122] KAUFMANN-KOHLER (G.), op cit

notamment l'arbitrage selon le mécanisme supplémentaire du CIRDI qui permet de recourir à la procédure du Centre, alors même que les conditions contraignantes de compétence tenant à la nationalité qu'impose la convention, ne sont pas remplies[123]. Par ailleurs, certaines conventions minières comprennent des clauses d'arbitrage classiques, notamment des clauses d'arbitrage selon le Règlement CCI ou selon le règlement d'arbitrage CNUDCI. Depuis une dizaine d'années, l'arbitrage d'investissement connait une évolution fulgurante due à un nouveau développement : La conclusion de traités d'investissements. Il peut s'agir des traités bilatéraux qui garantissent l'investissement, interdissent l'expropriation sauf indemnité et prévoient la possibilité pour tout investisseur d'instaurer un arbitrage contre l'Etat-hôte. L'investisseur a généralement le choix entre différents mécanismes d'arbitrage, à savoir principalement l'arbitrage selon la Convention ou mécanisme supplémentaire CIRDI, l'Arbitrage selon le Règlement CNUDCI ou encore selon le Règlement CCI. En l'état, on compte environ 2200 Traités dans le monde.

2. L'exception à la solution de principe

En l'absence des dispositions relative à l'arbitrage de l'investissement, un différend entre l'Etat hôte et un investisseur sur la convention minière est généralement réglé par les Tribunaux nationaux de l'Etat hôte. Du point de vue de l'investisseur, ce type de règlement des différends ne comportent pas toujours d'importants avantages. A tort ou à raison, les Tribunaux nationaux de l'Etat hôte sont souvent considérés comme insuffisamment impartiaux dans ce type de situation. En outre, les tribunaux nationaux appliquent la législation nationale, même si celle-ci ne protège pas les droits de l'investisseur conformément à la législation internationale. En outre, les juridictions de droit commun appliquent la législation nationale, même si celle-ci ne protège pas les droits de l'investisseur conformément à la législation internationale. En outre, les tribunaux standards ne possèdent généralement pas l'expertise technique nécessaire pour résoudre des différends complexes relatifs aux investissements internationaux.

[123] KAUFMANN-KOHLER (G.), ibid.

CONCLUSION DU CHAPITRE 1

Quelle est la nature juridique de la convention minière ? Il faut dire que cette question suscite beaucoup de controverses dans la doctrine et le législateur n'a pas proposé de cette solution à ce problème. C'est à cette tâche ingrate mais nécessaire que nous nous sommes livrés tout au long de ce chapitre. Nous avons essayé de trouver mais en vain l'existence d'un lien de filiation entre la convention minière et les contrats publics. Mais heureusement pour nous, nous nous sommes rendu compte de ce que la convention minière se rattachait à la catégorie des contrats d'Etats. L'intérêt de cet exercice d'un point de vue procédural vise à déterminer le juge compétent pour connaitre du contentieux liés aux contrats extractifs. C'est d'ailleurs ce qui nous a permettre de comprendre que les contrats miniers qui sont en réalité des contrats d'investissements sont soustraits de la compétence des juges Etatiques par l'insertion d'une clause d'arbitrage dans lesdits contrats.

CHAPITRE 2. LA NEGOCIATION DE LA CONVENTION MINIERE

Les contrats miniers sont des contrats complexes. La conclusion d'un contrat surtout s'il est complexe, peut prendre du temps. Le concours des consentements peut se réaliser de nombreuses manières, parfois sans débat préalable, parfois après des négociations. Une invitation à entrer en pourparlers peut être antérieure ; la négociation peut être longue et se faire par étape[124]. Dans le droit classique, les règles relatives à la formation du contrat sont en général abstraites, doublement abstraites[125]: Elles s'appliquent quelques soit la nature du contractant en cause et les qualités d'offrant ou d'acceptant peuvent indifféremment être tenues par l'un ou l'autre des futurs contractants. Sauf à l'égard de deux contrats, la donation et le mandat[126]. La négociation d'une convention minière consiste en un ensemble d'échanges précédant la formation de l'accord, en vue d'identifier, puis de résoudre les problèmes que posera la relation économique envisagée et d'accorder, ensuite les volontés des intéressés. C'est l'entonnoir dans lequel vont s'entrechoquer et fondre les projets, les préoccupations des différents partenaires[127]. Quelle est le processus de la négociation de la convention minière ? Pour répondre à cette question, il convient d'analyser tour à tour l'ouverture de la négociation de la convention minière **(Section 1)** d'une part et d'autre part le dénouement de la négociation de la convention minière **(Section 2)**.

SECTION 1. L'OUVERTURE DE LA NEGOCIATION DE LA CONVENTION MINIERE

Le contrat, hormis les transactions de tous les jours, ne se réalise pas en un trait de temps[128]. Une période plus ou moins longue, faite de propositions et de contre-propositions, précède normalement l'accord des volontés. Elle commence par une invitation aux

---

[124] MALAURIE (Ph.), AYNES (L.), *Les obligations,* Editions Cujas, 6ème édition, 1995, p.217

[125] Malaurie (Ph), ibid.

[126] Où selon le Code Civil, le donataire et le mandataire sont les acceptants (a. 894 et 932 et s. 1984, al. 2)

[127] MOUSSERON (J-M.), *Technique contractuelle,* éditions Francis Lefebvre, 2ème édition, 1999

[128] V. sur la question SCHMIDT (J.), Négociation et conclusion de contrats, *Dalloz, 1982*

pourparlers **(Paragraphe 1)** adressée au Ministre chargé de mines par le titulaire d'un titre minier[129] suivi d'une proposition d'offre de convention minière **(Paragraphe 2)** qui fera l'objet d'une discussion.

Paragraphe 1. L'invitation aux pourparlers

Quels sont les éléments essentiels sur lesquels doivent porter l'invitation aux pourparlers ? Les points sur lesquels doivent porter l'invitation aux pourparlers sont : La forme **(A)**, la langue **(B)** et le contenu de l'invitation aux pourparlers **(C).**

A. La forme de l'invitation aux pourparlers

Après avoir présenté la position de la doctrine sur la question **(1)** nous dirons la position qui a été retenue par le législateur **(2)**.

1. Constructions doctrinales

D'une manière générale, l'invitation aux pourparlers vise à préciser les points de la convention qui feront l'objet des discussions entre les parties au futur contrat. Dans la théorie juridique, les pourparlers ne créent aucun lien de droit entre les parties. Et il n'y a pas de forme imposée par la loi. Elle peut prendre la forme d'une déclaration d'intention, accord de négociation[130], de documents contractuels[131], d'un memorandung of understanding[132]. En tout cas, il faut dire que du point de vue de la technique juridique, le droit des contrats miniers révèle la vétusté du droit des contrats camerounais qui inspiré du Code Civil de 1804 n'est plus très adapté à la réalité sociale. En effet, dans sa rédaction de 1804, le Code Civil camerounais ne règlemente pas la phase des pourparlers.

2. Solutions positives

La loi de 2016/017 portant Code Minier et le Décret n°2002/648/PM du 26 Mars 2002 fixant les modalités d'application de la loi n° 001 du 16 Avril 2001 portant Code Minier apportent quelques

---

[129] Sur ce point lire l'article 65 du Décret 2002 précité.

[130] Sur ce point lire MAINGUY (D.), RESPAUD (J-L.), *Droit des obligations, éditions Ellipses,* p. 80 n° 91.

[131] LABARTHE (F.), *La notion de document contractuel*, L.G.D.J, 1994, n°309

[132] Ibid.

indices sur la forme et le contenu de l'invitation aux pourparlers. En effet, aux termes des dispositions de l'article 65 alinéa 2 du décret n°2002/648/PM du 26 Mars 2002 suscité, le titulaire du permis de recherche fait tenir « un projet de la convention minière » à l'administration en charge des mines. Ce qui signifie que l'invitation aux pourparlers dans la négociation d'une convention minière se fait par écrit. Dans le cadre de la conclusion d'une convention minière, c'est à travers sa demande que le titulaire du titre minier invite à le Ministre chargé des Mines a engagé des pourparlers. C'est d'ailleurs qu'illustre parfaitement les dispositions de l'article 65 alinéa 2 du décret n°2002/648/PM du 26 Mars 2002 fixant les modalités d'application de la loi n° 001 du 16 Avril 2001 portant Code Minier qui dispose que : « *La demande d'attribution d'un permis d'exploitation est adressée auprès du Ministre en charge des mines avant la date d'expiration du permis de recherche dont il est issu. Elle indique :*

- *La référence du permis de recherche dont dérive l'exploitation sollicité ;*
- *Les coordonnées géographiques des sommets du périmètre délimitant la superficie requise ;*
- *La période pour laquelle le permis est demandée*

Elle est accompagnée :
- d'un extrait de la carte de la région à l'échelle du 1/50.000e indiquant le périmètre du permis demandé ;
- d'un plan de détail à l'échelle convenable où les coordonnées des sommets du périmètre
Sollicité sont rattachées à des points remarquables, invariable au sol et bien définis ou encore
D'un plan préparé selon la réglementation en vigueur ;
- des statuts de la société d'exploitation ;
- d'une étude de faisabilité, comprenant notamment :
a) l'évaluation chiffrée de l'importance et de la qualité des réserves exploitable du minerai ;
b) la détermination du procédé de traitement métallurgique du minerai ;
c) une planification de l'exploitation minière appuyée par un profil de production ;
d) la présentation d'un programme de construction de la mine, détaillant les travaux, les équipements, installations et fournitures requise pour la mise en production commerciale d'un gîte ou d'un gisement potentiel

ainsi que les coûts estimatifs s'y rapportant, accompagné des dépenses à effectuer annuellement ;
e) la déclaration décrivant les conditions d'infrastructures attendues ;
f) une notice d'impact socio-économique du projet particulièrement sur les populations locales ;
g) une étude d'impact du projet sur l'environnement (terre, eau, faune, flore, établissement, humains) avec des recommandations appropriées ;
h) l'établissement d'un plan relatif à la commercialisation des produits, comprenant les
Points de vente envisageable, les plants, les conditions de vente et les prix ;
i) des projections financières claires et complètes pour la période d'exploitation :
j) les conclusions et les recommandations quant à la faisabilité économique et le calendrier arrêté pour la mise en vente de la production commerciale en tenant compte des points a, c, et i ci-dessus ;
k) les propositions du demandeur sur le recrutement et la formation des camerounais ;
l) **un projet de convention minière** ;
m) toutes autres informations que la partie faisant ladite étude de faisabilité estimerait nécessaire pour amener toutes institutions financières ou bancaires à l'exploitation du gisement notamment :

- Un plan de développement et d'exploitation du gisement ;
  - Un programme de protection et de gestion de l'environnement comprenant entre autre un schéma de réhabilitation des sites exploités ;
  - Le récépissé de versement du droit fixe.

B. La langue de l'invitation aux pourparlers

Dans un Etat bilingue[133] comme le Cameroun, où se côtoie par ailleurs deux systèmes juridiques[134], la question de la langue de rédaction du projet de convention, objet de l'invitation aux pourparlers. C'est une question qui n'a pas été réglée. C'est une question qui est de

---

133 Sur ce point lire FOMETEU (J.), BRIAND (Ph.), METANGMO-TATOU (dir), *La langue et le droit, L'Harmattan Cameroun, Septembre 2018 ;* NKOULOU (Y. S.), *« La langue du contrat », in, La Langue et le Droit, L'Harmattan,* Septembre 2018
134Sur ce point lire ZAMBO ZAMBO (D.J.), Le droit applicable au Cameroun : Essai sur les conflits de lois dans le temps et dans l'espace, Thèse de doctorat, Université de Yaoundé II, 2009, 617 pages

nature à lever le voile masquant certaines réalités et à mettre à jour ce qui fait l'identité d'un peuple qui se décrit volontiers comme investi dans son histoire collective d'une mission particulière. Le législateur a juste fait mention de « projet de convention » sans toutefois indiquer la langue dans laquelle ce projet de convention doit être rédigé. Le Cameroun est un Etat bilingue qui a pour langue officiel le français et l'anglais[135]. Donc le titulaire du permis de recherche peut transmettre un projet du contrat soit dans la langue française ou anglaise. Pour ce qui de la langue anglaise, s'agit d'une simple traduction de la version française du projet de contrat projeté ou alors le document est-il rédigé en anglais juridique[136]. Une fois de plus d'un point de vue légistique, nous espérons que cette imprécision rédactionnelle qui a consisté à ne pas faire de précision sur la langue dans laquelle le «*projet de convention minière*» soit écrite en français et anglais. Ceci permettra d'un point de vue politique d'accorder une valeur égale aux deux langues. Ceci permettra à notre avis de résoudre le problème de l'interprétation des textes juridiques rédigés dans plus d'une langue[137].

C. Le contenu de l'invitation aux pourparlers

En ce qui concerne le contenu de l'invitation des pourparlers, il faut dire que le projet de convention doit contenir certaines mentions obligatoires **(1)** et éventuellement d'autres mentions facultatives **(2).**

---

[135] Cf. préambule de la Constitution Camerounaise de Janvier 1996 qui affirme que le Cameroun est un Etat Bilingue qui a pour langue officielle le Français et l'Anglais.

[136] Il ne s'agit ici d'une simple hypothèse d'école. On se souvient de la revendication des Avocats d'expression anglophone qui avaient sollicité la traduction des Actes Uniformes OHADA dans leur langue de travail qui l'anglais. Derrière cette revendication se cache à en réalité une guerre de leadership entre le système romano-germanique et le système de Common Law. Pour le moment, les juridictions ne se sont pas encore prononcées sur le sujet mais il serait de bon ton de s'y pencher. Sur ce point lire KENFACK (P-E), « La gestion de la pluralité des systèmes juridiques par les Etats de l'Afrique noire : Les enseignements de l'expérience camerounaise », in, *Cahiers de la recherche sur les droits fondamentaux,* n° 7, 2009, pp 153-160.

[137] Sur ce point lire LAMETHE (D.), MORETEAU (O.), « L'interprétation des textes juridiques rédigés dans plus d'une langue », in, *Revue internationale de droit comparé, Vol. 58, N°2,* 2006, pp 327-362.

1. Les mentions obligatoires

Le projet de convention minière est rédigé conformément au modèle-type. A ce titre, les éléments ci-dessous doivent être obligatoirement mentionnés dans le projet de convention-minière : «

- *L'objet les fondements et la portée des projets qu'elle encadre ;*
- *Le site à l'intérieur duquel seront implantées les infrastructures nécessaires au développement du projet ;*
- *Le contenu détaillé des projets à réaliser au titre de la convention minière et les conditions techniques et financières de leur développement ;*
- *La durée de la convention minière et les conditions de renouvellement, de non-renouvellement, de prorogation ou de résiliation, d'expiration de la durée, de renonciation à la convention minière et de force majeure ;*
- *Les modalités d'application des conditions de transfert ;*
- *Les droits et obligations des parties au projet de convention minière, en faisant le cas échéant, la différence entre les droits et obligations des organismes mandatés par l'Etat pour la gestion de ses intérêts commerciaux dans la convention minière, et les droits souverains de l'Etat*
- *Les conditions et les modalités de l'octroi, de renouvellement et de retrait des autorisations et des permis nécessaires à la réalisation des projets inscrits dans le projet de convention minière ;*
- *Les règles des propriétés des produits issus de l'exploitation de la mine et de leur répartition, le cas échéant, entre les futures parties au projet de convention minière ; ainsi que les conditions de leur commercialisation sur le territoire national ou à leur exportation ;*
- *Les modalités de définition, de mise en œuvre, de contrôle et de suivi des projets et programmes de développement sociaux destinés aux populations autochtones ou riveraines ;*
- *Le régime des biens meubles et immeubles nécessaire à la réalisation des projets inscrits dans la convention minière ;*
- *Les dispositions relatives à la participation de l'Etat, d'un organisme dûment mandaté à cet effet, dans les projets inscrits dans la future convention minière, ainsi que les règles de l'association de l'Etat ou l'organisme public et les sociétés commerciales parties au projet de convention minière ;*

- *Les dispositions relatives au contenu local des projets développés au titre du projet de convention minière, notamment la formation, l'emploi et la protection de la main d'œuvre camerounaise, le recours à la sous-traitance des Petites et Moyennes Entreprises (PME) locales, de développement et la mise à niveau des entreprises locales pour leur participation aux activités de construction ou d'exploitation des usines ou des infrastructures prévues les projets, objet du projet de convention minière, aux projets sociaux destinés au développement des populations riveraines ou autochtone ;*
- *Les modalités et les montants des contributions aux fonds prévus par la loi portant Code Minier ;*
- *Les clauses d'indexation à l'environnement économique des substances minérales ;*
- *Les dispositions relatives aux obligations des sous-traitants ;*
- *Les obligations en matière de santé publique, de sécurité, d'hygiène, de sureté des installations, de protection de l'environnement et du patrimoine culturel ;*
- *Les obligations en matière de prévention et de réparation des risques professionnels notamment en ce qui concerne les accidents professionnels et les maladies professionnelles ;*
- *Les obligations en matière d'abandon des installations et des remises en état des sites affectés aux projets, ainsi que les modalités de reprise par l'Etat des infrastructures et des installations en fin d'exploitation, le cas échéant ;*
- *Les droits et obligations du titulaire du titre minier ainsi que les conditions générales de construction, d'exploitation et d'entretien des installations et infrastructures des projets et des installations connexes ;*
- *Les modalités d'application des régimes juridique, fiscal, douanier, de change et des garanties générales, y compris la garanties de stabilité*[138] *de ces régimes qui ne peut excéder la période indiquée pour le retour sur investissement ;*
- *Les modalités d'application des sanctions en cas de violation des termes de la future convention minière ;*
- *La procédure de règlement des différends ;*

[138] Cf. supra

- *Le régime foncier et domanial applicable, conformément à la législation et réglementation en vigueur ;*
- *La procédure d'ouverture et tenue et des clôtures des comptes bancaires sur le territoire national, en devises étrangères ;*
- *Les modalités d'emploi des travailleurs nationaux et étrangers ;*
- *Les conditions de souscription, de détention et de cessions d'actions des sociétés susceptibles liées au titre minier du projet de convention ;*
- *Les modalités de transfert de technologie et des compétences aux nationaux dans le cadre des projets développés au titre du projet de convention minière ;*
- *Les modalités d'indemnisation en cas d'expropriation ou de déguerpissement ;*
- *Les conditions dans lesquelles les garanties octroyées par l'Etat aux projets, notamment la garantie de l'exécution des obligations de l'Etat par tout organisme public dûment mandaté à cet effet, les garanties exigées par les prêteurs ;*
- *Les éventuelles exclusivités dont bénéficient les sociétés minières signataires du projet de convention minière le cas échéant, et les conditions y afférentes, notamment en termes de durée, de renonciation et d'annulation applicables au projet, si nécessaire ;*
- *Les conditions dans lesquelles les tiers pourront avoir accès aux infrastructures développées dans le cadre des projets visés dans le projet de convention minière ;*
- *Les modalités de mise à disposition de la production des substances minérales extraites affectées à la transformation locale dont le taux minimal est fixé à quinze pourcents (15 %) ;*
- *Les conditions et les modalités suivant lesquelles les prêteurs pourraient se substituer ou substituer une entité qu'ils contrôlent à la société minière potentiel signataire du projet de convention minière, dans les droits et obligations qui en résultent ainsi qu'au titre des concessions, autorisations et permis régis par la future convention minière* ; »

Quid des mentions supplétives contenues dans le projet de convention ?

2. Les mentions supplétives

Outre les mentions obligatoires qui doivent figurer dans l'invitation aux pourparlers, d'autres mentions supplétives peuvent être inscrites dans le projet de convention pour être négociées d'accord parties entre les futurs cocontractants. Ces mentions supplétives peuvent avoir trait au système juridique de rattachement du contrat (Common Law ou droit civil), la désignation des juridictions compétences en cas de litige, les modalités de rapatriement des fonds… Quid de la proposition d'une offre de convention minière ?

Paragraphe 2. La proposition d'une offre de convention minière

Quelles sont les conditions pour faire une proposition d'une offre de convention minière ? Quels sont les effets de la proposition d'une offre de convention minière ? Tels sont du reste les principaux axes autour desquels s'articuleront la présente réflexion.

A. Les conditions de la proposition d'une offre de convention minière

L'invitation à entrer en pourparlers est différente de la pollicitation ferme[139]. L'offre ou la pollicitation est la proposition unilatérale faite par une personne soit à une ou plusieurs personnes déterminées, soit à une ou plusieurs indéterminées, au public par exemple, de conclure un contrat déterminée à des conditions déterminées de telle sorte que l'acceptation de son destinataire, ou du premier des destinataires, suffit à former le contrat[140]. L'offre doit être distinguée des simples propositions, « appel d'offres », « invitation aux pourparlers », « offre d'emploi », qui n'en ont pas la vigueur et n'en produiront pas les effets, soit parce qu'elles n'expriment pas la volonté du pollicitant d'être engagé dès qu'un destinataire acceptera. L'offre de ce point de vue dépend du seul pollicitant, c'est un acte unilatéral, même si elle peut être formalisée **(1)**. Seules produisent les effets d'une offre les propositions remplissant certaines caractéristiques **(2)**.

1. La forme de la proposition d'une offre de convention minière

En droit des contrats, la proposition d'une offre de contracter peut se faire par tout moyen faisant foi. La forme de l'offre importe

[139] MALAURIE (Ph.), AYNES (L.) *Droit civil : Les contrats spéciaux,* 11ème édition, Editions Cujas, 1997, p. 217.
[140] MAINGUY (D.), RESPAUD (J-L.), op cit, p. 85, n°90.

peu[141].Cependant, dans le cadre du droit des contrats miniers, la proposition d'une offre de convention minière intervient ou doit intervenir à la suite d'une invitation à entrer à pourparlers faite par le titulaire d'un permis de recherche. La proposition d'une offre de convention minière se fait à l'issue d'une discussion sur les différents éléments contenus dans le projet de convention minière. Traditionnellement cette discussion sur la proposition d'une offre de convention minière se faisait entre le titulaire de la convention minière ou ses représentants et les représentants de l'Administration en charge des Mines, de l'environnement et des finances. Mais depuis l'avènement de la Société Nationale des Mines (SONAMINES)[142], cette dernière en plus des administrations précitées fait partie de ceux qui ont la charge de proposer une offre de convention minière à l'issue de la discussion du projet de convention. Les parties d'accord parties essaient de s'entendre sur le contenu du projet de convention. Et ce n'est à qu'à l'issue de cette phase, que le Ministre en charge des Mines proposera une offre de convention minière. Quid des caractéristiques de la proposition d'offre de convention minière ?

2. Les caractéristiques de la proposition d'offre de convention minière

La progression vers l'accord peut se faire à partir d'une proposition ferme et précise de conclure un contrat déterminé à des conditions déterminées. L'offre de proposition d'une convention minière doit être précise[143] et ferme pour produire des effets[144]. Quid des effets de la proposition d'une offre de convention minière ?

---

[141] MAINGUY (D.), RESPAUD (J-L.), ibid.

[142] cf. Décret n° 2020 /749 du 14 décembre 2020 portant création de la Société Nationale des Mines

[143] L'offre de proposition d'une convention minière doit être précise, puisque la simple acceptation, un simple « oui » du destinataire formera le consentement et donc le contrat. Elle doit ce faisant comporter les indications nécessaires à la formation du contrat, la nature du contrat à conclure, les éléments nécessaires à sa conclusion. Ceci sous-entend que le sens des mentions contenues dans le projet de convention minière a été discuté par les parties prenantes.

[144] L'offre de proposition d'une convention minière doit être ferme. Elle doit exprimer une volonté nette de conclure le contrat si elle est acceptée. L'originalité de l'offre par rapport à la proposition de conclure une convention minière tient à ce que l'offrant confère au destinataire de l'offre au destinataire de l'offre le pouvoir de former le

B. Les effets de la proposition d'une offre de convention minière

L'offre acceptée forme le contrat. A contrario, l'offrant n'est pas contractuellement engagé tant que le destinataire ne l'a pas acceptée. L'offre acceptée apparait comme l'acte de volonté de l'offrant, qui participe à la formation de la convention minière par son consentement : la simple offre devient, alors l'acte volontaire de l'une des parties et les conditions de l'offre acceptée deviennent les conditions même de la future convention minière. C'est à ce moment que l'offre remplit son effet principal. Les difficultés reposent sur les effets de l'offre et le régime de l'offre avant son acceptation. En principe, l'offre non acceptée ne produit pas d'effet juridique dans la mesure où elle exprime la volonté, unilatérale, de son auteur et peut être librement retirée.

SECTION 2. LE DENOUEMENT DE LA NEGOCIATION DE LA CONVENTION MINIERE

Quel est le dénouement de la négociation de la convention minière ? Le dénouement de la négociation de la convention minière peut se solder soit par un échec de la négociation **(Paragraphe 1)**, soit par le succès de la négociation de la convention minière **(Paragraphe 2)**.

Paragraphe 1. L'échec de la négociation de la convention minière

Quelles sont les causes de l'échec de la négociation de la convention ? Quels sont les effets de l'échec de la négociation de la convention minière ? L'analyse des causes de l'échec de la négociation de la convention minière **(A)** précèdera celle des effets de l'échec de la négociation **(B).**

A. Les causes de l'échec de la négociation de la convention minière

Le déroulement de la négociation de la convention minière est placé sous le signe de la liberté contractuelle. Il consiste généralement dans

---

contrat par sa simple acceptation : il lui reconnait « *le dernier mot* » dans la formation du consentement et, partant, du contrat. Dès lors elle n'est pas ferme lorsqu'elle comporte des réserves.

un échange de propositions et contre-proposition à propos du contrat projeté. Ces propositions peuvent être plus ou moins précises et fermes. La négociation de la convention peut se solder par un échec. La phase de la négociation étant encadré le principe de la liberté contractuelle et celui de la bonne foi, aucune partie n'étant juridiquement lié, la mauvaise foi de l'une des parties **(1)** donne la liberté à l'autre partie de rompre les pourparlers **(2)**.

1. La mauvaise foi de l'une des parties

Comme l'offre et l'acceptation, les pourparlers sont régis par la liberté contractuelle et la bonne foi[145]. Les parties sont libres d'entrer en pourparlers, tout comme elles sont libres de les mener à leur guise ou de les rompre. En France, le Projet de réforme du droit des contrats reprend expressément ces règles déjà énoncées par la Jurisprudence[146]. L'article 1111 prévoit que : « *L'initiative, le déroulement et la rupture des négociations précontractuelles sont libres. Ils doivent satisfaire aux exigences de bonne foi de la bonne foi* ». Ainsi donc, la mauvaise foi de l'une des parties ou même des parties est de nature à entrainer l'échec de la négociation. On peut citer à titre d'exemple, la dissimulation d'informations stratégiques, la production des rapports d'expertise fantaisiste. Les parties à la négociation peuvent mener les négociations comme elles l'entendent. Elles sont même libres de mener de front des négociations parallèles et concurrentes. Alors les parties doivent prendre garde des informations qu'elles communiquent aux tiers : la communication d'informations confidentielles aux tiers peut être fautive. A cet effet, l'article 1112 du Projet de Code Civil français affirme que : « *Celui qui utilise sans autorisation une information confidentielle obtenue à l'occasion des négociations engage sa responsabilité extracontractuelle* ».

---

[145] HOUTCIEFF (D.), *Droit des contrats,* Collection Paradigme, 1ère édition, 2015, p. 99

[146] Cass (1ère Civ), 31 Octobre 2012, n°11-15.529, D., 2012, p. 2658, RTD civ, 2013, p.109, note FAGES (B.) : La Cour d'Appel n'était pas « tenue d'indiquer le fondement textuel d'une obligation relevant du principe de bonne foi dans les relations précontractuelles ».

2. La rupture des pourparlers

L'accord définitif n'étant pas encore en vue, les pourparlers sont en outre placés sous l'égide du principe de la liberté de rompre[147]. La rupture des pourparlers engage cependant la responsabilité de son auteur, si elle témoigne d'un abus, d'une volonté de nuire ou d'une légèreté blâmable[148] : Les juges prendront en considération l'avancement des pourparlers[149] ou la brutalité de la rupture[150]. La jurisprudence française[151] se montre de plus en plus vétilleuse dans le contrôle du comportement et tend à imposer véritable devoir de cohérence dans la conduite des négociations[152]. Les négociations pourront reprendre où elles se sont arrêtés. En effet, les dispositions relatives à la fiscalité, au régime douanier, aux exonérations fiscales, au régime d'imposition, aux conventions fiscales constituent généralement la pierre d'achoppement pendant la phase de la négociation de la convention de minière. Toute chose de nature à justifier la rupture des pourparlers pour les reprendre lorsque les parties plus tard.

---

[147] LE TOURNEAU (P.), « La rupture des négociations », *RTD Com.,* 1998, p. 479 ; DESHAYES (O.), « Le dommage précontractuel », RTD Com, 2004, p.187 cité par HOUTCIEFF (D.), op cit. p. 100, n° 377 et 378.

[148] Cass. Com, 28 Juin 2006, n°04-20.040, Bull., IV, n° 164 ; Cass. (Com), 26 Novembre 2003, n°00-10243 et 00-10949, Bull, IV, n°186, RTD Ci, 2004, p.80, note MESTRE (J.), FAGES (B.), Cass Com, 22 Février 1994, n°91-18.842, Bull, IV, n°79, RTD Civ, 1994, P. 849, Obs. MESTRE (J.) ; Cass. Com, 23 Mai 1989, n°87-18.212, RTDciv, 1989, p.736, obs. MESTRE (J.) cité par HOUTCIEFF (D.), op cit.

[149] Cass. Com, 22 Avril 1997, n°94-18.953, RTD civ, 1997, p. 736, Obs. MESTRE (J.) cité par HOUTCIEFF (D.), p 101 n°380

[150] Cass Com., 18 Janvier 2011, n°09-14617, *Gaz. Pal.*, 2011 n°97, p.17, obs. HOUTCIEFF (D.), « Celui qui rompt sans raison légitime, brutalement et unilatéralement, les pourparlers avancés qu'il entretenait avec son partenaire qui avait déjà, à sa connaissance, engagé des frais et qu'il avait maintenu volontairement dans une incertitude prolongée en lui laissant croire que l'affaire allait être conclue à son profit, manque aux règles de bonne foi dans les relations commerciales et engage sa responsabilité délictuelle ».

[151] Nous faisons recours à la jurisprudence française à cause du silence de la jurisprudence camerounaise sur la question.

[152] V. MAZEAUD (D.), Obs. sous Cass. (Com.), 26 Novembre 2003

B. Les effets de l'échec de la négociation de la convention minière

Les effets de l'échec de la négociation de la convention minière sont la suspension du processus de négociation **(1)** d'une part et la non-délivrance du permis d'exploitation d'autre part **(2)**.

1. La suspension du processus de négociation

Selon l'analyse classique, le cœur du contrat est l'accord de volonté, qui en détermine la teneur. Il va donc sans dire que l'échec des pourparlers entraine ipso facto, la suspension du processus de négociation. Les parties restent dans le statu quo. Mais le titulaire du permis de recherche reste toujours astreint aux respects de ses obligations.

2. La non-délivrance du permis d'exploitation

Le but social poursuivi par le propriétaire d'un titre minier lorsqu'il invite le Ministre en charge des Mines aux pourparlers, c'est de se voir délivrer un permis d'exploitation. De ce fait, la conclusion de la convention minière occupe une place prépondérante dans la délivrance du permis d'exploitation. On dira même que la signature de la convention minière est la *condition sine qua none* de la délivrance du permis d'exploitation. Il va donc sans dire que l'échec de la négociation de la convention minière impactera nécessairement sur la demande de permis d'exploitation. Ainsi donc, la suspension des négociations empêche le titulaire d'un permis de recherche d'avoir droit au permis d'exploitation. Mais cette sanction n'est pas irréfragable.

Paragraphe 2. Le succès de la négociation de la convention minière

L'analyse des manifestations du succès de la négociation de la convention minière **(A)** précèdera celle des implications **(B).**

A. Les manifestations du succès de la négociation de la convention minière

La négociation de la convention minière peut être considérée comme un succès lorsqu'il y a consentement entre les parties **(1)** et que ce consentement est exempt de vices **(2).**

1. L'accord des volontés des parties sur les éléments essentiels de la convention minière

Les parties impliquées dans les négociations sont susceptibles de se trouver dansune impasse à un moment donné de la négociation, mais il existe des moyens divers de s'en sortir. Le succès de la négociation de la convention minière suppose que les parties se sont accordées sur les éléments essentiels de la future convention minière. Elle résulte de l'acceptation pure et de l'offre par le destinataire de celles-ci. L'acceptation suffit à former le contrat[153]. Le succès de la négociation d'une convention minière relève de la faculté des parties à anticiper, prendre en compte les différents intérêts en présence plutôt que de vouloir imposer ses positions[154]. Parfois, l'ampleur exacte de l'acceptation fait problème. On ne peut, en effet, accepter que ce que l'on connait. Or, il est des clauses donc on peut douter que l'acceptant les ait connues, soit, en raison de leur présentation (emplacement, typographie), soit encore parce qu'elles sont apposées sur un document annexe, soit enfin parce qu'elles figurent dans un document que le pollicitant n'a reçu qu'après son acceptation. Par ailleurs, l'accord des volontés des parties sur les éléments essentiels du contrat doit être exprès.

2. La création d'un lien juridique entre les parties

La négociation de la convention minière s'ouvre par une invitation aux pourparlers adressée par le titulaire d'un permis de recherche à l'administration sous la forme d'un projet de convention accompagné des documents annexes. A ce moment, il n'existe pas de lien de droit entre les parties. Et les parties sont libres de poursuivre les négociations ou pas. Par contre, lorsque les parties sont parvenues à un accord qui a été accepté par tous, il existe désormais une obligation juridique entre les parties. Et ces dernières ne peuvent sans engager leur responsabilité mettre un terme au contrat projeté.

---

153 TERRE (F.), SIMLER (Ph.), LEQUETTE (Y.), *Droit civil : Les obligations,* Précis Dalloz, 1993, p. 95

154 La plupart des points d'arrêt se résolvent par le biais de concessions de la part des différentes parties à la convention minière. À titre d'exemple, si les parties se trouvent dans une impasse au sujet des redevances, elles pourraient envisager une concession en matière de développement de la communauté.

La négociation d'une convention minière est longue et délicate. C'est la raison pour laquelle les parties éprouvent souvent le besoin de marquer une pause et de dresser le bilan des points sur lesquels, ils sont d'ores et déjà d'accord. La terminologie employée pour désigner cette pratique est flottante. Certains utilisent le terme allemand de « punctation »[155] . La conclusion de la convention minière se faisant par couches successives, la question se pose de savoir quel est le seuil qui sépare les pourparlers de la conclusion de la convention minière ? En d'autres termes quand le point de non-retour est-il atteint ? La réponse à cette question se fera dans le cadre de l'analyse des implications du succès de la négociation de la convention minière.

B. Les implications du succès de la négociation de la convention minière

Le succès de la négociation de la convention minière vaut-il conclusion de la convention minière ? L'analyse de la solution de principe **(1)** précèdera celle des exceptions **(2).**

1. Le principe

A supposer que le succès de la négociation de la convention minière ne vaille pas conclusion du contrat définitif, quels sont les effets qui en découlent ? A la différence de certaines codifications étrangères plus tardives[156], le droit des contrats miniers camerounais n'énonce, en la matière, aucune directive générale. C'est donc au juge que revient le soin de poser les principes. Cependant, la jurisprudence camerounaise sur la question n'est pas encore fertile. Aussi, il revient à la doctrine dans son rôle de source du droit de proposer des pistes de solution. En transposant la philosophie volontariste qui anime le droit des contrats au Cameroun, ainsi que les dispositions propres à certains contrats, notamment l'article 1583 du Code Civil relatif à la vente[157]. Le contrat est réputé formé dès qu'il a accord sur les essentiels[158]. Encore

---

[155] TERRE (F.), SIMLER (Ph.), LEQUETTE (Y.), op cit. p. 140.

[156] Code civil allemand, Code des obligations suisse

[157] Ce texte dispose : « Elle (la vente) est parfaite entre les parties, et la propriété est acquise de droit à l'acheteur à l'égard du vendeur, dès qu'on est convenu de la chose et du prix, quoique la chose n'ait pas encore été livrée ni le prix payé ».

[158] LAUDE (A.), La reconnaissance par le juge de l'existence du contrat, Thèse ronéot, Aix, 1992, n° 235 s. p. 135 s. cité par TERRE (F.), SIMLER (Ph.), LEQUETTE (Y.), op. Cit p. 141 n°3

faut-il préciser exactement la portée de cette proposition. En principe suffisant, l'accord sur les éléments essentiels de la convention minière ne le sera plus, si les parties ont entendu subordonner le succès de la négociation de la convention minière à une rencontre de volontés sur tel ou tel point accessoire : signature de la convention minière, garantie d'exécution...De secondaire, celui-ci devient alors essentiel par la seule volonté des parties. La position de la Cour de Cassation française sur ce sujet dans un arrêt du 14 Janvier 1987 est assez éloquente : « *La vente est parfaite entre les parties dès lors qu'on est convenu du prix et le défaut d'accord définitif sur les éléments accessoires de la vente ne peut empêcher le caractère parfait de la vente, à moins que les parties aient entendu retarder la formation du contrat jusqu'à la fixation de ces modalités* »[159]. Cette solution diffère de celle de certains droits étrangers. Selon l'article 154 du BCB : « *Tant que les parties ne sont pas tombées d'accord sur tous les points d'un contrat qui, ne fût-ce que d'après la déclaration de l'une seulement d'entre elles, devaient être l'objet de la convention, le contrat dans le doute n'est pas conclu. L'entente des parties sur quelques points particuliers ne suffit pas à les lier, même lorsqu'elle a été suivie d'un projet rédigé par écrit.* » Quant à l'article 2 du Code des Obligations suisse, il dispose : « Si les parties sont mises d'accord sur tous les points essentiels, elles sont présumées avoir entendu s'obliger définitivement, encore qu'elles aient réservé certains points secondaires. A défaut d'accord sur ces points secondaires, le juge les règle en tenant compte de la nature de l'affaire ». C'est dire que la proposition de la doctrine est intermédiaire entre celle des droits allemand et suisse. L'absence d'accord sur les points accessoires, obstacle au succès de la négociation de la convention minière, obstacle à la formation du contrat en droit allemand mais non droit suisse, ne le sera en droit des contrats miniers camerounais que si les parties ont entendu retarder la formation du contrat jusqu'à la fixation de ces modalités. D'une souplesse plus grande, la solution doctrinale camerounaise laisse aux parties une certaine liberté puisque ceux-ci sont libres.

---

[159] Civ. 1ère, 14 Jan. 1987, D. 1988.80 note J. SCHMIDT; Rappr. Versailles 5 mars 1992 cité par TERRE (F.), SIMLER (Ph.), LEQUETTE (Y.), op cit.

2. Les exceptions

Le succès de la négociation de la convention minière ne vaut pas conclusion du contrat définitif. Il n'est pour autant pas dépourvu de tout effet juridique. Tout d'abord, e, fixant par écrit les éléments d'un accord partiel, les intéressés s'obligent à poursuivre loyalement les négociations en vue de parvenir à la conclusion du contrat projeté. La « punctation » n'est qu'une étape dans le processus d'élaboration du contrat et le refus de conclure le contrat définitif équivaut à une rupture du contrat. Ce n'est pas dire pour autant que le succès de la négociation de la convention minière doive forcement aboutir à la conclusion de la convention minière ; Les parties se sont simplement engagées à faire de leur mieux pour conclure le contrat. Ensuite, et à supposer la convention minière ultérieurement conclu, l'accord de principe peut conserver un intérêt dans la mesure où, jouant en quelque sorte le rôle de travaux préparatoires, il permet d'éclairer la volonté réelle des parties. Dans la pratique, il est fréquent que les grands contrats comportent un préambule qui règle le sort et la portée des documents contractuels.

Conclusion du chapitre 2

Au regard de ce qui précède, l'analyse de la question de la négociation de la convention minière, nous a permis de traiter les différents problèmes juridiques soulevées par cette phase en passant de l'ouverture de la négociation jusqu'au dénouement de la négociation. Il convient à présent de s'intéresser à la conclusion de la convention minière.

CONCLUSION DU TITRE 2

L'analyse qui précède nous a permis de cerner le processus de conclusion d'une convention minière entre l'Etat et une compagnie minière. Au cours de ce processus, il fallait déterminer la nature juridique de la convention minière conclue entre l'Etat et le titulaire d'un titre minier. C'est dans qu'une partie de l'analyse à chercher à comprendre l'existence d'un lien de filiation entre la convention minière et les contrats publics. C'est au terme de cette analyse qu'on a pu parvenir à la conclusion selon laquelle la convention minière était un contrat d'Etat. Dans l'analyse de la formation de la convention minière, force nous a été donné de constater que c'est à la tradition civiliste du droit des contrats que s'apparente le processus de formation de la convention minière. Il commence par la phase des pourparlers et s'achève par la conclusion de la convention minière.

CONCLUSION DE LA PREMIERE PARTIE

L'analyse des contrats miniers conclus sous l'angle de la mine, propriété exclusive de l'Etat nous révèle qu'il existe en réalité un seul contrat minier dans cette catégorie : La convention minière. Elle est conclue entre l'Etat et le propriétaire d'un titre minier qui a réussi à mettre en évidence l'existence d'un gisement économiquement rentable. Le législateur camerounais a rattaché ce contrat minier dans la catégorie juridique des contrats de partenariat. Mais une analyse juridique minutieuse sur la nature juridique de la convention minière nous a amené à constater que la qualification juridique retenue par le législateur ne renvoie pas à la réalité juridique incarnée par la convention minière. L'attribution d'un titre à tout contrat, qu'il s'agisse d'un contrat nommé ou innommé, passe par un procédé de qualification dont les contours sont plus ou moins bien définis[160]. Toutefois, la qualification ne concerne pas que le classement. Elle a également pour objet de « définir » un cas particulier en vue d'y appliquer un régime juridique[161]. La qualification contractuelle peut être définir comme : « le procédé intellectuel consistant à rattacher un cas concret à un concept juridique abstrait reconnu par une autorité normative afin de lui appliquer [un] régime[162] ». Nous pourrions aussi ajouter: dans le but de circonscrire le contenu obligationnel du contrat[163]. La finalité de la qualification contractuelle est donc de donner effet aux règles juridiques, préoccupation primordiale des juristes et des praticiens. En droit des contrats, la qualification du contrat est capitale en raison des dispositions législatives impératives ou supplétives régissant les différents types de contrats nommés dans le *Code civil du Cameroun*. Si un contrat est un prêt, il sera possible d'en attaquer les termes pour cause de lésion. Devant un contrat de service, une partie pourra procéder à la résiliation en tout temps, même avant terme. Au contraire,

---

160 FRECHETTE (P.), « La qualification des contrats : aspects théoriques. », *Les Cahiers de droit*, Volume 51, numéro 1, pp 125

161 François (T.), *L'influence de la volonté individuelle sur les qualifications*, coll. «Bibliothèque de droit privé », Paris, L.G.D.J., 1957, p. 2.

162 Jacques GHESTIN (dir.), *Traité de droit civil*, « Les effets du contrat », 3e éd. Par J. GHESTIN, Christophe JAMIN et Marc BILLIAU, Paris, L.G.D.J., 2001, p. 77, où se trouvent de multiples définitions de la qualification. Cité par FRECHETTE (P.), op cit note 8

163 Voir notamment: Paul-André CREPEAU, «Le contenu obligationnel d'un contrat», (1965) 43 *R. du B. can.* 1.

s'il fallait conclure qu'une entente ne satisfait pas les conditions d'existence des contrats prévus dans le Code civil, la qualification innommée serait choisie. Le régime juridique applicable aux parties est donc radicalement différent selon le choix d'une qualification ou d'une autre. Dans la loi de 2016 portant Code Minier, le législateur qualifie la convention de minière de convention de partenariat. Mais à l'analyse, force nous ait donné de constater que contrairement au contrat de partenariat, la convention minière ne relève pas de la catégorie juridique des contrats publics. Cependant, la convention minière se rattache plutôt à la catégorie juridique des contrats d'investissements qui la plupart du temps sont des contrats d'Etats. Le législateur camerounais a donc intérêt à réécrire cette définition. Par ailleurs, on constate que même si la procédure de négociation est purement administrative, on note la place de choix accordé aux avant-contrats dans cette phase. Cela peut sembler curieux dans la mesure où la théorie générale du droit des contrats n'a pas encore été réglementée par la phase des avant-contrats. Est-ce à dire que le droit des contrats miniers a pris le pas sur la théorie générale du droit des obligations où alors ce constat peut servir de prétexte pour une réforme générale des dispositions du Code Civil consacrées à la formation et l'exécution du contrat ? Nous sommes tentés d'y répondre par l'affirmative car compte tenu de l'importance du contentieux généré dans le cadre des pourparlers en vue de la signature d'une convention minière[164], le législateur gagnerais à réglementer cette phase dans son ordre juridique.

---

[164] Cf. CCI de Paris, Sundance Ressources LTD C/ Etat du Cameroun

DEUXIEME PARTIE : LES CONTRATS MINIERS CONCLUS SOUS L'EGIDE DES RAPPORTS PRIVES PAR LE PAR LE PROPRIETAIRE D'UN DROIT MINIER

« Nous vivons de plus en contractuellement »[165]. Ce constat est valable pour les particuliers mais aussi pour les entreprises minières. Pour développer son projet minier, tout titulaire d'un titre minier doit conclure avant, pendant et après le démarrage de son projet minier un ensemble de contrats qui seront régis en principe par le droit national. Dans le commerce juridique, grande est la variété des opérations juridiques[166]. Du point de vue de la gravité, on a les actes de disposition[167], les administrations et les actes purement conservatoires. C'est à ce schéma de pensée que correspond les contrats miniers qui peuvent être conclus sous l'égide des rapports. Aussi, en s'appuyant sur cette typologie, le propriétaire d'un titre minier peut réaliser des contrats miniers qui relèvent de l'administration de son titre minier ou alors il pourra réaliser des contrats miniers dont la finalité consiste à aliéner son titre minier. Dans le Code Civil de 1804 tel qu'applicable au Cameroun[168], la formation des conventions est dominée par un modèle contractuel unique et cohérent correspondant à la situation économique et sociale de son temps et qui, à grands traits, pourrait se résumer comme suit : liberté, égalité et instantanéité[169]. Le contrat demeure, bien entendu, l'instrument des échanges économiques. Traditionnellement le

---

[165] Josserand, « Aperçu général des tendances actuelles de la théorie des contrats », in, RTDciv, 1937.1, spéc. 7.

[166] CORNU (G.), *Droit civil : introduction. Les personnes, les biens,* Montchrestien, 8ème édition, 1997, p 51.

[167] Un acte de disposition engage le capital ou engage l'avenir. L'opération risque d'aboutir à une perte de substance dans le patrimoine de son auteur. La vente d'un immeuble constitue le type le plus achevé et le plus simple de l'acte de disposition. Plus généralement, celui qui aliène un immeuble en dispose, que cette aliénation soit faite à titre gratuit ou à titre onéreux. Sur point

[168] ZAMBO ZAMBO (D.J.), Le droit Applicable au Cameroun : Essai sur les conflits de lois dans le temps et dans l'espace, Thèse de doctorat, Université de Yaoundé II, 2009, P. 41 N°78 l'auteur affirme qu'au moment de son accession en 1960, les nouvel autorités du Cameroun (partie oriental) ont décidé de reconduire à titre provisoire les dispositions du droit français au rang desquelles celle du Code Civil de 1804, en vigueur avant 1960.

[169] MONTERO (E.), DEMOULIN (M), « La formation du contrat depuis le Code Civil de 1804 : Un régime en mouvement sous une lettre figée », in, inédit, p 4.

contrat a toujours été considéré comme la « *chose des parties* ». Cependant, depuis quelques temps, le champ des personnes concernées par l'influence du contrat a changé au sens où, alors que les parties se trouvaient traditionnellement isolées de la société et tenues seules des prévisions contractuelles, nombres de tiers perçoivent aujourd'hui leur influence[170]. Dans le mouvement croissant d'intégration du contrat dans la sphère sociale, son champ d'influence s'étend de plus en plus aux tiers[171]. Depuis la seconde moitié du XX[ème siècle], le principe de l'effet relatif, posé par l'article 1165 du Code Civil, reçoit en effet une compréhension plus nuancée : si le contrat ne crée pas d'effets obligatoires à l'égard des tiers, il peut néanmoins emporter, toujours à leur égard des tiers, des conséquences plus ou moins importantes. C'est d'ailleurs ce que nous pourrons constater à travers l'analyse des contrats miniers conclus entre le titulaire d'un titre minier et avec des personnes privées. D'une manière générale, les contrats conclus par le propriétaire d'un titre minier soit des préalables au démarrage du projet minier **(Titre 1)**, soit alors des contrats relatifs au développement du projet minier **(Titre 2).**

---

[170]ROCHFELD (J.), *Les grandes notions du droit privé,* Thémis Droit, Presses Universitaires de France, 2011, pp 435.
[171] ROCHFELD (J.), ibid.

TITRE 1 : LES CONTRATS MINIERS PREALABLE AU DEMARRAGE DU PROJET MINIER

L'industrie minière est le secteur économique qui regroupe les activités de prospection et d'exploitation des mines. Préalablement au démarrage d'un projet minier, le promoteur minier est tenu de procéder à la délimitation de son site en vue de son rattachement au réseau géodésique national. S'il dispose d'une expertise nécessaire, il pourra s'acquitter de cette obligation lui-même. Dans le cas contraire, il peut confier cette tâche à une personne privée par la voie d'un contrat de bornage **(Chapitre 1)**. Par ailleurs, pour obtenir la signature d'une convention minière et d'un permis de recherche[172], le promoteur minier doit fournir la preuve de l'existence d'un gisement potentiel à l'intérieur du permis de recherche. Pour déterminer le potentiel d'un gisement minier, le promoteur minier devra selon les règles de l'art minier[173], réaliser l'audit géologique du périmètre[174]. Il pourra le faire lui-même ou alors confier cette tâche à une personne privée en signant un contrat d'audit géologique (**Chapitre 2).**

D'un point de vue juridique, le contrat de bornage et d'audit géologique ont ceci de commun qu'ils appartiennent à la même catégorie juridique : Ce sont des contrats de services[175]que l'on range généralement dans la catégorie des contrats d'entreprises. On retrouve le contrat d'entreprise dans tous les domaines : transport, restauration, hôtellerie, assurance, travaux de construction, travaux miniers, constructions de la mine… Le Code Civil ne connaît pas la notion de

---

[172]Aux termes des dispositions de l'article 46 alinéa de la loi n°2016/017 portant Code Minier : « *Le permis d'exploitation de la petite mine ou de la mine industrielle est attribué de droit à tout titulaire d'un permis de recherche qui a fourni la preuve de l'existence d'un gisement à l'intérieur de son périmètre* »

[173] Aux termes des dispositions de l'article 4 du Code Minier camerounais, On entend par règles de l'art minier : ensemble de conditions techniques et méthodes d'exploration, d'exploitation pour mieux valoriser le potentiel du gisement , ainsi que pour optimiser la productivité et les conditions de sécurité industrielle, de sécurité publique et de protection de l'environnement

[174] Sur ce point lire VUGNAT (M.), « Géologie et rentabilité des gites minéraux », in, *Revue genevoise de géographie, tome 102, 1962, pp. 33-47.*

[175] Toutes sortes de conventions, autres que la vente, ont pour objet, non de transférer un droit réel au cocontractant, mais de lui procurer un service. Ainsi en est-il du mandat, des louages, de divers contrats d'échanges économiques, des contrats de restitution, des contrats aléatoires, et des contrats relatifs au litige.

contrat d'entreprise[176]. Ce contrat prend l'appellation de *« louage d'ouvrage »* et se distingue donc du *« louage de chose »*. En effet, l'article 1708 du Code Civil distingue deux variétés de contrats de louage : le louage d'ouvrage et le louage de chose[177].

L'article 1710 du Code Civil définit le louage d'ouvrage comme « Le contrat par lequel l'une des parties s'engage à faire quelque chose pour l'autre, moyennant un prix[178] convenu entre elles ». Cette définition, jugée extrêmement large, a été souvent critiquée car elle ne permet pas de distinguer le louage d'ouvrage du contrat de travail ou encore du contrat de mandat. Les éléments caractéristiques du contrat d'entreprise n'apparaissent pas clairement. En outre, cette définition présente certaines lacunes, dans la mesure où la prestation caractéristique du contrat n'est pas la location d'un ouvrage mais l'accomplissement d'un service. Grâce à la jurisprudence et à la doctrine, la définition du contrat d'entreprise s'est affinée afin de le distinguer d'autres contrats voisins. Ainsi le contrat d'entreprise s'entend-il aujourd'hui de la convention par laquelle une personne s'oblige, contre rémunération, à exécuter un travail de façon indépendante et sans représentation[179] :

- Celui qui commande le travail est le client ou le maître de l'ouvrage
- Celui qui se charge d'effectuer le travail demandé est le prestataire, aussi appelé l'entrepreneur.

Par ailleurs, l'article 1779 du Code Civil précise qu'il existe trois espèces de *« Louage d'ouvrage et d'industrie »* : Le louage de services, le louage des voituriers et le louage d'ouvrage des « architectes, entrepreneurs d'ouvrages et techniciens par suite d'études, devis ou marché ». La liste énoncée est beaucoup trop étroite. Le contrat d'entreprise englobe des contrats autres le contrat de transport ou les contrats visant à la construction d'un immeuble. Les contrats emportant prestations de services sont divers et ne peuvent se limiter aux contrats de louage d'ouvrages mentionnées à l'article 1179 du Code

---

[176] C'est la doctrine juridique française qui a élaboré ce concept.

[177] BOUSTANI (D.), *L'essentiel du droit des contrats spéciaux*, Editions Gualino, 2020-2021, 2ème édition, p. 113

[178] Faire un commentaire sur le prix dans la formation du contrat de louages de chose

[179] BOUSTANI (D.), op. Cit.

Civil. Le contrat d'entreprise recouvre, en effet, des applications aussi variées que le contrat de construction, le contrat de maintenance, le contrat médical, le contrat d'enseignement, le contrat de bornage d'un site minier, le contrat d'audit géologique... Malgré la diversité des contrats d'entreprise, ceux-ci sont néanmoins unis par des caractéristiques communes. Dans tous les cas, le contrat d'entreprise donne lieu à une prestation effectuée par un entrepreneur[180], une

[180] Le contrat d'entreprise regroupe tous les contrats dont le but est d'accomplir une prestation au profit d'un cocontractant. Le critère de la prestation accomplie dans l'intérêt du maître de l'ouvrage permet ainsi de faire la distinction entre le contrat d'entreprise et le contrat de bail, ce dernier impliquant la mise à la disposition d'une chose au profit d'un preneur. Pareillement, le contrat d'entreprise se distingue de la vente qui impose la délivrance d'une chose et non l'exécution d'un travail. La prestation peut porter sur un bien. Tous les contrats impliquant l'exécution d'une prestation matérielle sur un bien sont ainsi concernés. Sont ainsi des contrats d'entreprise les contrats ayant pour objet la fabrication, la transformation, la réparation ou encore l'entretien d'une chose. Les contrats d'entreprise n'impliquent pas toujours l'exécution d'une prestation matérielle sur une chose. La prestation peut aussi être immatérielle (les domaines sont divers : hôtellerie, voyage, restauration, soins médicaux...), voire totalement intellectuelle (contrats d'enseignement ou de conseil par exemple). La prestation est effectuée en principe par l'entrepreneur qui exécute un travail dans l'intérêt du maître de l'ouvrage. Mais le contrat d'entreprise peut également être exécuté par un tiers autre que l'entrepreneur lui-même. Il s'agit alors d'une opération de sous-traitance. Dans l'opération de sous-traitance, le contrat d'entreprise est conclu entre le maître de l'ouvrage et l'entrepreneur, lequel va confier à un autre entrepreneur le soin de réaliser à sa place tout ou partie de l'ouvrage. Cette opération implique donc trois personnes : le maître de l'ouvrage, l'entrepreneur et le sous-traitant. Pour bénéficier du régime de la sous-traitance, il faut que le sous-traitant ait été agréé par le maître de l'ouvrage. L'entrepreneur doit demander l'autorisation au maître de l'ouvrage de faire réaliser sa prestation par une autre personne. La sanction du défaut d'agrément peut être appréciée à trois niveaux :

– dans les rapports entre l'entrepreneur et le maître de l'ouvrage, le défaut d'agrément constitue une inexécution contractuelle. L'entrepreneur peut donc voir sa responsabilité contractuelle engagée par le maître de l'ouvrage ;

– dans les rapports entre l'entrepreneur principal et le sous-traitant, l'article 3 de la loi précise que « l'entrepreneur principal est néanmoins tenu avec le sous-traitant mais ne pourra pas invoquer le contrat de sous-traitance à l'encontre du sous-traitant ». Ce texte sanctionne la négligence de l'entrepreneur principal tout en protégeant le sous-traitant non agréé : ce dernier peut en effet librement opter pour la résiliation du contrat ou, au contraire, renoncer à celle-ci et choisir d'exécuter le contrat, sans que l'entrepreneur puisse s'opposer à l'une ou l'autre de ces décisions. Si le sous-traitant décide d'exécuter le contrat en dépit du défaut d'agrément, l'entrepreneur principal sera tenu de payer le prix convenu ;

– dans les rapports entre le sous-traitant et le maître de l'ouvrage, le sous-traitant subit les effets du défaut d'agrément. En effet, le maître de l'ouvrage pourra se prévaloir de prestation qui est indépendante[181] et sans représentation[182]. Le contrat d'entreprise se forme par la rencontre des volontés exprimées sur les

---

cette absence d'autorisation pour refuser de payer le sous-traitant si ce dernier exerce contre lui une action en paiement que l'on appelle l'action directe.

[181] Dans le contrat d'entreprise, l'entrepreneur exécute sa prestation en toute indépendance. Ce critère permet ainsi de distinguer le contrat d'entreprise et le contrat de travail, ces deux contrats ayant pour point commun l'exécution d'un travail pour autrui. À la différence de l'entrepreneur, le salarié est uni à son employeur par un lien de subordination. Le salarié va exécuter, sous l'autorité et la surveillance de l'employeur, des prestations qui vont s'échelonner dans le temps. Toutefois, la différence entre contrat de travail et contrat d'entreprise n'est pas toujours aisée à établir. L'exemple des chauffeurs liés à la plateforme numérique UBER en France, en est une parfaite illustration. Dans un arrêt du 10 janvier 2019, la cour d'appel de Paris a retenu l'existence d'un contrat de travail entre la plateforme UBER et son chauffeur. Les juges du fond se sont appuyés sur un faisceau d'indices pour rendre leur décision : le chauffeur ne peut pas se constituer une clientèle propre ; il est privé de tout pouvoir de décision sur les tarifs applicables, lesquels sont contractuellement fixés par UBER ; le chauffeur reçoit des directives comportementales de la plateforme ; cette dernière contrôle en outre l'activité du chauffeur et peut exercer un pouvoir de sanction à son encontre allant jusqu'à l'exclusion définitive de l'application.

[182] L'entrepreneur, même s'il effectue un travail à la demande d'un client, n'est investi d'aucune mission de représentation. Il exécute sa prestation en son nom et pour son compte. Le contrat d'entreprise se distingue donc du contrat de mandat. Ces deux contrats ont pour objet une prestation de service. C'est la notion de représentation qui permet de les distinguer. Dans le contrat de mandat, le mandataire représente son mandant et accomplit des actes juridiques au nom et pour le compte de ce dernier, ce qui n'est pas le cas de l'entrepreneur dans le contrat d'entreprise. Là aussi, la distinction entre ces contrats suscite parfois certaines difficultés. En effet, un contrat peut, dans certains cas spécifiques, être qualifié à la fois de mandat et de contrat d'entreprise. Deux approches sont alors possibles : – la première consiste à choisir une qualification et à ranger le contrat dans une ou l'autre des catégories (qualification exclusive). Ainsi, dans le contrat de promotion immobilière, le maître de l'ouvrage confie au promoteur la direction d'une opération immobilière, moyennant un prix convenu. À cet égard, il s'agit d'un contrat d'entreprise. Dans le même temps, le promoteur va accomplir des actes juridiques au nom et pour le compte du maître de l'ouvrage dans le but de réaliser la construction (conclure les marchés avec les entrepreneurs, les architectes, les fournisseurs ou les professionnels du bâtiment...). À cet égard, le promoteur agit en qualité de mandataire du maître de l'ouvrage. Le législateur a choisi de qualifier le contrat de promotion immobilière de mandat, sauf si le promoteur s'est engagé à réaliser lui-même le programme immobilier (C. civ. art. 1831-1) ; – la seconde approche refuse de ranger le contrat dans une catégorie plutôt que dans une autre (qualification distributive). Selon les circonstances, le contrat sera tantôt un contrat d'entreprise tantôt un mandat. Par exemple, l'avocat accomplit des actes juridiques ou des actes de procédure au nom et pour le compte de son client : dans ce cas, l'avocat est un mandataire. Il peut aussi exécuter une prestation intellectuelle sans pour autant représenter son client, notamment lorsqu'il lui donne un

éléments essentiels qui, au demeurant, doivent être révélés avant la conclusion du contrat. Le contrat d'entreprise est souvent précédé de l'établissement d'un devis[183]. La demande de devis s'analyse comme une invitation à entrer en pourparlers et l'envoi du devis comme une offre[184]. En fait, toutes les figures juridiques sont concevables. Tout dépend de l'intention des parties. Le devis peut être une simple contre-proposition ; il peut s'agir d'un accord de principe, obligeant son auteur à poursuivre de bonne foi les pourparlers engagés. La question la plus importante concerne la rémunération du devis. La jurisprudence distingue ici les « simples devis » établis par l'entrepreneur à son initiative, à ses risques et périls et n'ouvrant droit à aucune rémunération[185], des travaux qui sont, à eux seuls, l'objet d'un contrat d'entreprise et de ce fait obligent le maître au paiement des honoraires[186]. Le critère de distinction ne se trouve pas dans une fixation préalable du prix de ces travaux. Dès lors, il n'est pas question de dire que le défaut d'accord préalable sur le prix implique l'absence de contrat et donc l'existence d'un « *simple devis* ». En effet, la jurisprudence admet l'existence d'un contrat d'entreprise, alors même que le prix n'est pas fixé d'avance[187]. En réalité le critère de distinction doit être recherché dans l'importance et l'étendue des travaux. Si les études faites constituent une « véritable œuvre de l'esprit » ayant entrainé un travail long et coûteux, elles doivent entrainer rétribution. Mais il faut aussi tenir compte de la volonté exprimée par les parties qui peuvent s'être entendues sur la gratuité du devis[188] ou au contraire sur son caractère onéreux. Lorsque le contrat de bornages intervient dans le cadre d'un contrat administratif[189], des règles particulières[190] doivent

---

conseil juridique dans le cadre d'une consultation : dans ce cas, il est considéré comme un entrepreneur.

[183] Devis vient du verbe deviser. Il a acquis son sens au XIIIème, où l'expression était uniquement utilisée pour désigner les dispositions testamentaires (cf. Bloch et Wartburg, Dictionnaire étymologique de la langue française, Voir Devis)

[184] Offre que l'on n'est pas, en principe, tenu d'accepter, Pau 14Janv. 1969, D. 1969. 716. Plus gén, v. LABARTHE (F.), La notion de document contractuel, L.G.D.J, 1994

[185] Nancy 9 Oct. 1959, D. 1960. 90; Aix 12 Jan. 1978, Bull. Aix, n° 67 ; Com. 30 nov. 1971

[186] Aix 12 Déc. 1979, Bull. Aix, n°340 ; Civ. 3^{e,} 26 Mai 1993, RDI 1993. 510.

[187] V. Aix 27 Juin, 9 Juill., 30 Sept. 1975, Bull. Aix, n°279, 280, 281 ; v. Ss 742

[188] Aix 10 Janv. 1984, Bull. n° 19

[189] L'hypothèse n'est pas d'école. En effet, suivant Décret n° 2020/749 du 14 Décembre 2020 portant création de la Société Nationale des Mines, l'Etat camerounais s'est doté d'une compagnie qui sera appelée à exécuter une activité minière. A ce titre,

être respectées. Bien entendu, la validité de l'accord repose, avant tout sur la volonté des parties.

Ceci étant dit, le contrat de bornage et le contrat d'audit géologique ayant été rattaché dans la catégorie des contrats spéciaux, il convient maintenant de s'intéresser à la conclusion de ces contrats.

---

elle pourra développer des projets miniers. Sauf que la particularité de son statut induit une certaine spécificité des marchés qu'elle sera amenée à conclure.

[190] Sur ce point lire Décret des marchés publics pour les entreprises publiques

CHAPITRE 1 : LE CONTRAT DE BORNAGE D'UN SITE MINIER

Aux termes de l'article 1er de la loi n°76/25 du 14 Décembre 1976 portant organisation cadastrale : « Les terrains sont, dans toute l'étendue du territoire de la République soumis à un dénombrement général et précis permettant l'établissement d'un cadastre parcellaire ». Et l'article 19 de la loi n°2016 portant Code Minier ajoute que : « *Le territoire national est découpée en unité cadastrale élémentaires formant un système de quadrillage dont les caractéristiques et le rattachement aux systèmes de coordonnées connus sont fixées par voie règlementaires»* L'obligation de délimitation des titres miniers est une obligation qui incombe au propriétaire du titre minier. Malheureusement, Ce dernier ne peut pas procéder à cette opération lui-même. Car, il s'agit d'une activité qui relève de la compétence exclusive des géomètres. A ce titre, ce dernier devra faire recours aux services d'un géomètre exerçant en clientèle privée ou à une société de travaux miniers. Il est à souligner qu'en droit foncier camerounais, la nature juridique des levés topographiques et de délimitation des titres miniers est ambiguë. Tantôt, elle est considérée comme une activité purement administrative[191] tantôt elle apparaît comme une activité commerciale[192]. Au regard de la pratique minière au Cameroun, la délimitation des titres miniers et spécifiquement des permis de recherches et des exploitations artisanales, la délimitation des titres miniers est une activité commerciale que le propriétaire du titre minier peut confier à une personne physique ou morale de droit privée sous la forme d'un contrat d'entreprise que l'on qualifie par commodité de langage de contrat de bornage.

Le contrat de bornage est formé par le seul échange des consentements, par la rencontre d'une offre et d'une acceptation. Il n'est donc soumis à aucune forme particulière. L'établissement d'un devis descriptif n'est pas requis pour son existence, même si en pratique son utilisation est fréquente. L'existence du contrat d'entreprise doit être

---

[191]Dans le cadre des permis d'exploitation, de l'ouverture d'une carrière, l'opération de bornage incombe exclusivement à l'Administration

[192] Dans le cadre des permis de recherche, les levés topographiques et la délimitation des sites miniers incombe à la fois à l'Administration et aux géomètres exerçant en clientèle privée. D'une manière générale, il n'existe pas de texte juridique qui règle définitivement la question. Cependant, la nature juridique des terres touchées par un projet de recherche minière commande une application minutieuse du droit foncier.

démontrée par la partie qui s'en prévaut. Ainsi, dans un arrêt en date du 16 mai 2018, la chambre commerciale de la Cour de cassation française a jugé que l'absence d'acceptation expresse d'un devis ne suffit pas à exclure l'existence d'un contrat d'entreprise ; celui-ci peut résulter de l'exécution des travaux, sans contestations de la part du maître de l'ouvrage[193]. En revanche, la preuve de l'inexécution du contrat d'entreprise pèse sur le maître de l'ouvrage qui doit démontrer que la prestation n'a pas été exécutée ou que celle-ci n'a pas été correctement exécutée par l'entrepreneur. Dans le contrat de bornage, une personne (l'entrepreneur, le maître d'œuvre ou le prestataire) s'engage moyennant rémunération à accomplir de manière indépendante un travail, au profit du titulaire d'un titre minier (le maître de l'ouvrage ou le Client), sans le représenter. Le contrat de bornage d'un site minier qui est un contrat qu'il convient de ranger dans la catégorie des contrats d'entreprises. Le contrat de bornage d'un site minier est un contrat consensuel. L'échange des consentements des parties qui suffit à former le contrat porte sur les éléments essentiels du contrat. Il n'est toutefois pas nécessaire que celles-ci s'entendent sur le prix de la prestation au jour de la conclusion du contrat[194]. Ce dernier peut se former indépendamment de la

---

[193] Cass. Com., 16 mai 2018, n° 17-14602

[194] Il n'est pas exigé que l'échange des consentements porte sur le prix de la prestation. Ainsi le contrat peut-il se former sans que les parties aient convenu du prix lors de la formation du contrat. Les parties sont donc libres de fixer le prix, de choisir la modalité et le moment de détermination du prix. Il existe en la matière trois méthodes de détermination du prix :

– le marché sur facture lorsque le prix ne peut être déterminé par l'entrepreneur qu'à l'issue des travaux. Le prix est alors fixé a posteriori. S'il s'avère excessif et en l'absence d'accord entre les parties, le maître de l'ouvrage peut demander au juge de fixer la rémunération ;

– le marché en régie : les parties vont s'entendre par avance sur les éléments de détermination du prix. Généralement, les parties vont s'accorder sur un prix à la pièce, au mètre carré ou à l'heure ;

– le marché à forfait : le prix est déterminé dès l'origine de manière globale et définitive. Le montant ne pourra pas être modifié même si le coût du travail vient à dépasser les prévisions de l'entrepreneur ou si, au contraire, il lui est inférieur. Cette modalité de détermination du prix est expressément prévue lorsque l'entrepreneur intervient pour la construction à forfait d'un bâtiment, d'après un plan arrêté et convenu avec le propriétaire du sol. L'article 1793 du Code civil prévoit que l'entrepreneur « ne peut demander aucune augmentation de prix, ni sous prétexte de l'augmentation de la main-d'œuvre ou des matériaux, ni sous celui de changements ou d'augmentations faits sur ce plan, si ces changements ou augmentations n'ont pas été autorisés par écrit, et le prix convenu avec le propriétaire ». Seul un écrit établi par les détermination du prix. Le contrat de bornage est un contrat synallagmatique : il fait naitre des obligations à la charge de chacune des parties **(Section 1)** et produit des effets **(Section 2).**

SECTION 1. LES OBLIGATIONS DES PARTIES

L'analyse des obligations incombant à l'entrepreneur **(Paragraphe 1)** précèdera celle des obligations incombant au client **(Paragraphe 2)**.

Paragraphe 1 Les obligations incombant à l'entrepreneur

Dans le contrat de bornage, l'entrepreneur a des obligations impératives **(A)** et des obligations supplétives **(B).**

A. Les obligations impératives de l'entrepreneur

L'entrepreneur doit exécuter la prestation à laquelle il s'est engagé lors de la formation du contrat et livrer le résultat de son travail au maître de l'ouvrage[195]. L'entrepreneur s'engage à exécuter sa prestation ; il se peut que celle-ci n'ait pas l'effet attendu par le maître de l'ouvrage. La question est de savoir si l'entrepreneur a promis seulement sa prestation ou un résultat déterminé. Un contrat d'entreprise fait naître tantôt une obligation de moyens, tantôt une obligation de résultat, selon l'objet de l'obligation qu'il impose à l'entrepreneur[196]. Dans le contrat de bornage, les obligations principales qui incombent à l'entrepreneur sont l'installation et le géoréferencement des bornes d'une part **(1)** et d'autre part la rédaction des rapports de recherche **(2).**

1. L'installation et le géoréferencement des bornes

Le titre minier est délimité par un ensemble de coordonnées géographiques qui constituent en réalité la limite de l'espace dans lequel le propriétaire du titre minier devra déployer son activité. Dans le contrat

---

parties autorise ainsi une augmentation du prix initialement convenu. Dans un arrêt en date du18 avril 2019, la Cour de cassation a admis que cette modalité de détermination du prix, prévue expressément pour la construction à forfait, soit étendue à des travaux de rénovation (Cass. 3e civ. 18 avr. 2019, n° 18-18801).

[195] BOUSTANI (D.), *L'essentiel du droit des contrats spéciaux*, Editions Gualino, 2020-2021, 2ème édition, p

[196] MALAURIE (Ph.), AYNÈS (L.), GAUTIER (P.-Y.), *Les contrats spéciaux*, 8e édition, Defrénois, 2016

de bornage, l'obligation impérative à laquelle l'entrepreneur encore appelé prestataire est tenu, c'est de procéder à l'installation et au géoréferencement[197] des bornes dans les règles de l'art minier[198]. (Lignes, polygones, unités cadastrales)[199]. La question qui se pose ici est celle de savoir si l'entrepreneur est tenu à une obligation de résultat ou à une obligation de moyens ? En d'autres termes, l'entrepreneur s'engage-t-il à installer et géo référencer toutes les coordonnées du titre minier à travers les bornes ou alors il s'engage à mettre en œuvre tous les moyens nécessaires pour installer et géo référencer toutes les bornes du titre minier. La réponse à cette question dépend de l'accessibilité du site. Si le site est accessible, l'entrepreneur sera tenu d'une obligation de résultats.

---

[197] Le géoréferencement peut être défini comme l'attribution des coordonnées d'un système de référence géographique absolu à ces points. Sources Eurostat, « Manuel des concepts relatifs aux systèmes d'information sur l'occupation des sols, Editions 2000, Office des publications officielles des Communautés européennes, Luxembourg, 2001

[198] Aux termes des dispositions de l'article 11du décret n° 2002/648/PM du 26 Mars 2002 fixant les modalités d'application de la loi N°001 du 16 Avril 2001 portant Code Minier : « - **(1)** Le bornage d'un périmètre se fait ainsi qu'il suit : **(a)** Une borne ayant un sommet carré mesurant au moins 10 centimètre de côté est placée à chaque coin du périmètre d'un permis ou d'une autorisation; **(b)** Chaque borne porte une plaque ou une étiquette en métal, d'au moins 10 centimètres carré indiquant le numéro de la borne, le nom du titulaire et le numéro du permis ou de l'autorisation selon le cas; **(c)** Les bornes sont numérotées de telle sorte que la borne numéro 1 est située au coin extrême sud-Ouest; les autres seront numérotés dans le sens des aiguilles d'une montre à partir de la borne numéro 1. **(2)** Lorsque le périmètre d'une autorisation d'exploitation artisanale est borné au-delà de 100 mètres par 100 mètres, le délégué départemental des mines ramène la dimension au maximum autorisé. **(3)** Lors de l'enregistrement d'un permis, le conservateur lui attribue un numéro comme prévu à l'article 13 du présent décret. **(4)** Le titulaire d'un permis porte le numéro d'enregistrement sur la borne numéro 1 dans les trente (30) jours suivant l'enregistrement. **(5)** Lorsque l'établissement d'une borne à un coin d'un permis est rendu impossible à cause des difficultés lies au terrain, à la présence d'eau ou alors constitue un risque d'endommagement à une terre cultivée ou d'atteindre au droit d'usage d'un terrain privé, le coin concerné peut être indiqué en plantant aussi près possible un poteau témoin le long du périmètre et en plaçant sur chaque poteau témoin une plaque en métal indiquant le numéro de la borne, le nom du titulaire et le numéro du permis, ainsi que la direction et la distance par rapport au coin. **(6)** Une borne doit être faite en pierre ou en béton. **(7)** Les bornes sont maintenues en parfait état, dégagées de la végétation. Elles doivent par ailleurs porter à tout moment la plaque ou l'étiquette en métal prévue au (b) de l'alinéa (1) ci-dessus.

[198]Par exemple, les coordonnées géographiques de l'aéroport de Lisbonne sont approximativement 38°45' nord (de l'équateur) et 9°19' Ouest (De Greenwich).

[199]Par exemple, les coordonnées géographiques de l'aéroport de Lisbonne sont approximativement 38°45' nord (de l'équateur) et 9°19' Ouest (De Greenwich).

Par contre, si le site à délimiter est inaccessible, l'entrepreneur sera tenu d'une obligation de moyens. Même si il faut reconnaitre que le concept d'« accessibilité du site » est très subjectif. Car dans la plupart des cas, l'installation et le géoréferencement se fait en pleine forêts. Et il incombe à l'entrepreneur de créer des routes. Aussi, lorsque le point à installer et géo référencer est objectivement inaccessible, l'entrepreneur procède à une opération technique que on appelle la triangulation. Quid de la rédaction des rapports de bornage ?

2. La fabrication et l'installation des plaques indicatives

L'entrepreneur est tenu de la fabrication et de l'installation des plaques indicatives du titre minier. Ces plaques ont une valeur informative car elle renseigne les tiers sur l'existence d'un titre minier dans une zone géographique précise. Les plaques sont généralement placées à l'entrée et à la sortie du titre minier.

3. La rédaction du rapport de bornage

La rédaction du rapport de bornage est la seconde obligation impérative qui pèse sur l'entrepreneur. Cette obligation est consubstantiellement liée à l'obligation d'installation et de géoréferencement des bornes. Le rapport de bornage devra être déposé auprès l'Administration en charge des Mines. Après la réception du rapport de bornage, l'Administration apprécie si le bornage a été effectué dans les règles de l'Art. Et si c'est le cas, il adressera un quitus qui attestera de la satisfaction de ce dernier. La rédaction du rapport doit se faire dans les règles de l'art. il faut ajouter que les opérations de délimitation d'un site' minier doivent être opérées sous la supervision d'un représentant de la Sous-Direction du Cadastre Minier[200].

Après avoir étudié les obligations impératives qui pèsent sur l'entrepreneur, il convient maintenant de s'intéresser aux obligations secondaires qui lui incombent.

---

[200] Aux termes des dispositions de l'article 35 alinéa 1 du Décret 2012/432 du 01 Octobre 2012 portant organisation du Ministère des Mines, de l'industrie et du Développement Technologique : « Placé sous l'autorité d'un chef service, le Service de la cartographie minière et la documentation cadastrale est chargé : (…) du suivi des opérations de sécurisation des périmètres miniers »

B. Les obligations supplétives de l'entrepreneur

Les obligations supplétives de l'entrepreneur sont : la sensibilisation des autorités administratives et locales d'une part **(1)** et d'autre part la reconnaissance du site **(2).**

1. La sensibilisation des autorités administratives et locales

L'entrepreneur peut être tenu à la sensibilisation des autorités administratives et locales. De quoi s'agit-il concrètement ? La sensibilisation consiste pour l'entrepreneur à se présenter auprès des autorités administratives (Gouverneur, Préfet, Sous-Préfet, Délégué Régional des Mines, Délégué Départemental des Mines) et locales (Maire et autorités traditionnelles) concernées par les coordonnées géographiques à implanter de l'existence du titre minier et de la raison de sa présence. Ceci dans le but de faciliter l'accueil des populations riveraines du projet. Cette sensibilisation a une fonction didactique car elle permet de lever toute équivoque dans l'esprit des administrés. Par ailleurs, elle procède de la courtoisie administrative et même sécuritaire.

2. La reconnaissance du site à borner

Cette phase permet à l'entrepreneur d'apprécier l'accessibilité du site. Pour procéder à cette opération, l'entrepreneur se fera accompagné des randonneurs du coin. L'opération de reconnaissance du site a aussi une fonction opérationnelle car elle permet à l'entrepreneur de prendre connaissance avec l'environnement dans lequel il va travailler et constituer une main d'œuvre locale pour le transport des bornes et la création des pistes dans la forêt. Après avoir épuisé la question des obligations de l'entrepreneur, il convient maintenant de s'intéresser aux obligations qui incombent au maître d'ouvrage ou du client.

Paragraphe 2 Les obligations incombant au maître d'ouvrage

Le maître de l'ouvrage a des obligations principales **(A)** d'une part et des obligations secondaires d'autre part **(B).** L'obligation de prendre livraison et de réceptionner la chose, objet du contrat d'entreprise. Il doit en outre payer le prix de la prestation.

A. Les obligations impératives

Le maitre d'ouvrage a l'obligation de prendre livraison et de réceptionner la chose **(1)** et il doit en outre payer le prix de la prestation **(2)**.

1. La livraison et la réception de la chose

L'obligation de livraison et de réception s'impose au maître de l'ouvrage parce que le contrat de bornage donne lieu à la fourniture d'une chose : le bornage matérialisé par l'implantation des bornes. Le maître de l'ouvrage doit prendre livraison de la chose. Cette obligation ressemble à l'obligation de retirement qui pèse sur l'acheteur dans la vente. La prise de livraison donne lieu à la réception de la chose qui est l'acte juridique, effectué contradictoirement, par lequel le maître de l'ouvrage va vérifier et constater la bonne exécution de la prestation par l'entrepreneur[201]. Le maître de l'ouvrage peut déclarer accepter le travail accompli avec ou sans réserves. Les réserves permettent au maître de l'ouvrage de faire connaître son insatisfaction. La réception emporte des conséquences importantes : – elle rend le prix ou le solde du prix exigible, sauf stipulation contraire ; – elle couvre les vices apparents n'ayant pas fait l'objet de réserves ; – elle entraîne le transfert des risques de la chose au maître de l'ouvrage.

2. L'obligation de payer le prix de la prestation

Le contrat de bornages est un contrat à titre onéreux. En contrepartie du travail effectué, le maître de l'ouvrage doit payer le prix de la prestation. Comme nous l'avons déjà vu, l'échange des consentements, nécessaire pour former le contrat d'entreprise, ne porte pas toujours sur le prix de la prestation qui peut être fixé ultérieurement. De façon générale, il existe trois méthodes de détermination du prix : le marché sur facture ; le marché en régie ; le marché à forfait. Selon le contrat d'entreprise en question, le paiement peut avoir lieu avant ou après l'accomplissement de la prestation. Le paiement peut également être échelonné, au fur et à mesure de l'exécution du contrat. À défaut de paiement, l'entrepreneur dispose de plusieurs mécanismes destinés à faire pression sur le maître de

---

[201] BOUSTANI (D.), *L'essentiel du droit des contrats spéciaux*, Editions Gualino, 2020-2021, 2ème édition, p 121-122

l'ouvrage et l'obliger ainsi à payer le prix convenu : droit de rétention, exception d'inexécution….

Après avoir analysé les obligations principales du maitre d'ouvrage, intéressons-nous maintenant aux obligations supplétives qui incombent au maitre d'ouvrage.

B. Les obligations supplétives

Elles sont au nombre de deux : La rencontre des autorités administratives et locales **(1)** d'une part et d'autre part le droit de visite **(2).**

1. La rencontre des autorités administratives et locales

Avant le démarrage du projet minier, il est de bon pour le propriétaire d'un titre minier de rencontrer les autorités administratives et locales visées par le projet. Ceci dans le but de faciliter l'accueil des populations riveraines du projet. Cette sensibilisation a une fonction didactique car elle permet de lever toute équivoque dans l'esprit des administrés. Par ailleurs, elle procède de la courtoisie administrative et même sécuritaire. Quid du droit de visite ?

2. La visite du site

Pour s'assurer que l'opération de délimitation du site sera effectuée dans les règles de l'art, le maitre d'ouvrage peut solliciter un droit de visite sur le site pendant l'exécution par l'entrepreneur de ses obligations. Il faudra donc préciser les modalités de ce droit de visite.

SECTION 2 : LA MISE EN ŒUVRE DU CONTRAT DE BORNAGE D'UN SITE MINIER

L'étude des modalités de la mise en œuvre du contrat de bornage **(Paragraphe 1)** précèdera celle des effets de la mise en œuvre du contrat de bornage **(Paragraphe 2).**

Paragraphe 1. Les modalités de la mise en œuvre du contrat de bornage

Le contrat de bornage doit être exécuté de bonne foi **(A)** quoique la portée de cette solution soit limitée **(B).**

A. L'exécution de bonne foi du contrat de bornage et ses suites

L'identification du fondement de l'exécution de la bonne foi **(1)** précèdera celle de ces implications **(2).**

1. L'identification et fondement de l'exécution de bonne foi

Les conventions s'exécutent de bonne foi, rappelle l'article 1134 alinéa 3 du Code Civil, formule qui avait été oubliée jusqu'à son réveil dans au cours des années 1990 à l'occasion de la découverte par les juges d'obligations que les parties n'avaient pas envisagées : exigence de loyauté, obligation de coopération, de renseignement[202] voire des obligations encore plus spécifiques dans certains contrats d'affaires. Le droit camerounais est d'ailleurs rejoint dans cette entreprise par les Principes de l'Unidroit (Art. 1.7) ou les PEDC (art. 1.201).

L'article 1134 alinéa 3 se conjugue alors avec l'article 1135 du Code Civil qui dispose que le contrat comprend, outre la lettre du contrat, les « *suites que l'équité, l'usage ou la loi donne à l'obligation d'après sa nature* »[203]. S'agissant des lois, il s'agit des règles impératives qui s'imposent même lorsqu'un contrat est muet. S'agissant des usages, il s'agit, ou bien des usages règlementaires (la coutume), comme la règle de solidarité passive ou des usages contractuels qui sont des règles habituelles suivies par des professionnels pour la conclusion ou l'exécution d'un contrat et dont on peut considérer que les parties s'y sont tacitement référées[204]. S'agissant de l'équité[205], c'est le grand mystère : le juge doit-il se transformer en justicier, en moralisateur (et au nom de quelle justice, de quelle morale)[206] ou bien peut-il utiliser l'équité comme une technique corrective, c'est généralement le rôle qu'on lui accorde, exactement comme la bonne foi. Même si l'équité n'est pas considérée comme une source de droit[207], la jurisprudence s'y est référée, par exemple pour justifier l'existence des obligations d'information ou bien

---

[202] PICOD (Y.), « Le devoir de coopération dans l'exécution des contrats », *JCP,* 1998, I.3318

[203] JACQUES (Ph.), « Regards sur l'article 1135 du Code Civil », *Dalloz,* 2005, MOULY (C.), « L'article 1135 du Code Civil », in, Litec, 2005

[204] Cass. Com. 9 Janv. 2001, JCP, E, 2001, p. 1337, note L. Leveneur

[205] ALBIGES (C.), *De l'équité en droit privé,* L.G.D.J., 1998

[206] MAINGUY (D.), RESPAUD (J-L.), *Droit des obligations,* Editions Ellipses, 2008, p. 158.

[207] MAINGUY (D.), RESPAUD (J-L.), ibid. p. 158 note 6

des obligations de sécurité via une interprétation volontariste du contrat, un véritable « forçage »[208] du contrat. Quid des implications ?

2. Les implications

Pour la doctrine civiliste, l'exécution de bonne foi permet une consolidation de la force obligatoire du contrat. Respecter le contrat comme la loi des parties est inutile si le contrat ne reflète pas l'intérêt des contractants : le contrat est la loi des parties, donc pas opposition mais complémentarité entre l'article 1134 du Code Civil alinéa 1er et 1134 alinéa 3ème. A la conception individualiste du contrat fondée sur l'article 1134 alinéa 1er du Code Civil, elle-même reposant sur le mythique principe de l'autonomie de la volonté. A la conception individualiste fondée sur l'alinéa 1er de l'article 1134 se substituerait une conception solidariste[209] appuyée sur l'article 1134 alinéa 3 que DEMOGUE avait mis en valeur au début du XXème siècle [210] et qui d'ailleurs moins en rupture avec l'alinéa 1er que l'on pourrait le penser. L'alinéa 3 de l'article 1134 n'est pas en concurrence avec l'alinéa 1er ; tout au contraire il le complète harmonieusement en formant un seul bloc.

B. La portée de l'exécution de bonne foi du contrat de bornage

Le recours à la bonne foi n'est cependant pas une panacée. L'article 1134 alinéa 3 du Code civil impose moins l'exécution de bonne foi, suggérant une norme hypothétique de comportement, que la sanction de la mauvaise foi, de la déloyauté contractuelle. Aussi, la Cour de cassation française a-t-elle borné l'application de la règle. Ainsi, la Cour de Cassation, dans un très surprenant arrêt, indiquait que le recours à l'article 1134 alinéa 3 du Code Civil n'est possible pour autant qu'existe

---

208 JOSSERAND (L.), note sous Lyon, 7 Déc. 1928, DP 1929, 2, 17, Adde LEVENEUR (L.), « Le forçage du contrat », *Dr et patr.* 1998, n° 58, p. 69 cité par MAINGUY (D.), RESPAUD (J-L.), op cit, p. 158 note 7.

209 JAMIN (Ch.), « Révision et intangibilité du contrat ou la double philosophie de l'article 1134 du Code Civil », in, *Que reste-il de l'intangibilité du contrat, Dr. Et patr. 1998, 1998/4, p. 46*

210 DEMOGUE (R.), *Traité des obligations en général,* t. IV, 1931, n°3 s : « *Les contractants forment une sorte de microsome. C'est une petite société où chacun doit travailler dans un but commun qui en est la somme des buts individuels poursuivis par chacun, absolument comme la société civile ou commerciale. Alors l'opposition entre du droit du créancier et l'intérêt du débiteur tend à se substituer à une certaine union » cité par* MAINGUY (D.), RESPAUD (J-L.), op cit.

un lien contractuel entre les parties. La jurisprudence sur la rupture des contrats d'affaires en est ainsi l'illustration. La Cour de Cassation contrôle depuis longtemps, les conditions de la rupture du contrat via la notion d'abus du droit de mettre fin à un contrat ou de faire obstacle à son renouvellement, mais sans considérer cependant que cette éventuelle déloyauté conduise son auteur à subir les sujétions contractuelles plus intenses, comme l'exécution d'une obligation, à sa charge, de permettre la reconversion de son partenaire[211]. Ayant épuisé la plupart des questions suscitées par la mise en œuvre du contrat de bornage, il y'a lieu de se pencher sur les effets de la mise en œuvre du contrat de bornage.

Paragraphe 2. Les effets de la mise en œuvre du contrat de bornage

La mise en œuvre du contrat de bornage a pour effet l'extinction du contrat de bornage **(A)** cependant cette solution admet des exceptions **(B).**

A. L'extinction du contrat de bornage

Le contrat de bornage est éteint lorsque les obligations des parties sont accomplies. Le contrat de bornage a des causes d'extinction qui, à deux égards, échappent au droit commun des contrats. La première cause d'extinction spéciale au contrat est la mort du maître d'œuvre **(1)**, ensuite la seconde cause d'extinction spéciale au contrat de bornage est la résiliation unilatérale par le maître d'ouvrage **(2)**.

1. La mort du maître d'œuvre

La mort de l'entrepreneur[212] est une cause d'extinction spéciale du contrat de bornage, car le contrat tient compte de ses qualités personnelles. Cependant, le maître d'ouvrage est tenu de payer en proportion du prix porté par la convention, à leur succession, la valeur

---

[211] MALAURIE (Ph.), AYNES (L.), STOFFEL-MUNCK (Ph.), *Les obligations*, Defrénois, 2003, n°764 : « *il conviendrait de limiter l'application de cette notion aux prérogatives du créancier accessoires au droit de créance lui-même (résolution, résiliation, non-renouvellement, agrément...),* lequel ne devrais jamais être affecté par elle : Si l'on peut reprocher au créancier d'être créancier, on ouvre la voie d'une révision générale de tous les contrats ».

[212] Aux termes des dispositions de l'article 1795 du Code Civil Camerounais : « *Le contrat de louage d'ouvrage est dissous par la mort de l'ouvrier, de l'architecte ou de l'entrepreneur* ».

des ouvrages faits et celle des matériaux préparés. Lors seulement que ces travaux ou ces matériaux peuvent lui être utiles.

2. La résiliation unilatérale par le maître d'ouvrage

Quand il s'agit de marchés à forfait, le maître a une faculté de résiliation unilatérale du contrat moyennant dédommagement de l'entrepreneur[213]. Cette règle est dérogatoire au droit commun des contrats, puisque le contrat n'est pas conclu pour une durée indéterminée et que la faculté de résiliation unilatérale n'est accordée qu'au maître, non à l'entrepreneur. Cette faculté disparaît à l'achèvement des travaux[214].

B. Les exceptions

La résiliation intervenue sur le fondement de l'article 1794 du Code Civil n'empêche pas le maître d'ouvrage de se prévaloir des manquements de l'entrepreneur à ses obligations contractuelles[215]. La règle de la mort du maître d'œuvre est donc écartée quand il n'y a pas d'intuitu personae, ce qui est fréquent lorsque ce n'est pas la personne qui est prise en considération, mais l'entreprise[216].

---

[213]Aux termes des dispositions de l'article 1794 du Code Civil Camerounais : « *Le maître d'œuvre peut résilier, par simple volonté, le marché à forfait, quoique l'ouvrage soit déjà commencé, en dédommagement l'entrepreneur*

[214] Cass. civ. 3e, 18 février 1976, Bull. civ. III, no 69 : « Les juges d'appel, qui ont constaté par motifs non ambigus que les travaux faisant l'objet du marché à forfait étaient "pratiquement" achevés lors de la dénonciation du contrat par le maître de l'ouvrage et que l'entrepreneur "avait exécuté ses engagements" ont pu estimer que cette dénonciation tardive ne pouvait entraîner la résiliation du contrat par application de l'article 1794 ». Cité par Malaurie (Ph), op cit, p. 479 note 3.

[215] Civ. 3ème, 9 Mars 1988 ; Bull. III, n. 55, p. 31

[216] M. BÉHAR-TOUCHAIS, Le décès du contractant, th. Paris II, Economica, 1988, n° 148.

Conclusion du Chapitre 2

Le contrat de bornage est un contrat consensuel qui se forme par le seul échange des consentements. Il fait naitre à la charge des parties un ensemble d'obligations qu'elles sont tenues d'exécuter de bonne foi. Si dans son régime, l'extinction du contrat de bornage obéit au droit commun des communs des contrats, on ne manquera pas de souligner qu'elle a deux causes d'extinction qui lui sont propres. Le bornage du site minier est une activité préalable au démarrage du projet minier.

CHAPITRE 2 : LE CONTRAT D'AUDIT GEOLOGIQUE

Dans le contrat d'audit géologique, une personne (l'entrepreneur) s'engage moyennant rémunération à accomplir de manière indépendante un travail, au profit du propriétaire du titre minier (le maître de l'ouvrage), sans la représenter. Comment se forme le contrat d'audit géologique ? Quelles sont les obligations des parties dans le contrat d'audit géologique ? L'analyse de la naissance du contrat d'audit géologique (Section 1) précèdera celle des obligations des parties (Section 2).

SECTION 1. LA NAISSANCE DU CONTRAT D'AUDIT GEOLOGIQUE

La conclusion du contrat définitif **(Paragraphe 2)** est généralement précédée d'une phase de négociation du contrat d'audit géologique **(Paragraphe 1).**

Paragraphe 1. La négociation du contrat d'audit géologique

Qui doit prendre l'initiative de la négociation du contrat d'audit géologique ? Dans quels termes se fait la négociation de la convention minière ?

A. L'initiative de la négociation du contrat d'audit géologique

La demande de négociation d'un contrat d'audit géologique peut être considérée comme une invitation à entrer en pourparlers **(1)** et l'envoi d'une demande d'audit géologique est considérée comme une offre **(2).** En fait, toutes les figures juridiques sont concevables.

1. L'invitation aux pourparlers

La mystique d'un contrat naissant de la seule rencontre des volontés peut en effet être dangereuse[217]. Les futurs contractants ont parfois besoin d'un temps de réflexion pour élaborer la convention à leur guise. L'instantanéité de la formation du contrat ne le permet pourtant pas. Les pourparlers sont la phase préliminaire de discussion et

---

[217] HOUTCIEFF (D.), *Droit des contrats, Editions Larcier,* Collection Paradigme, 1ère édition, 2015, pp 99.

d'échange dans laquelle plusieurs personnes se rapprochent afin d'envisager la conclusion d'une convention future[218]. En vérité, il est difficile de définir positivement cette période. Les pourparlers se caractérisent plutôt négativement par opposition à l'offre et à l'acceptation. L'existence des pourparlers se déduit de ce que les parties n'ont pas l'intention ferme de contracter[219] ou n'ont pas précisément défini les éléments essentiels de la convention. Ces pourparlers, qui prennent place dans la période contractuelle, peuvent prendre un temps plus ou moins long. Comme l'offre et l'acceptation sont régis par la liberté contractuelle et la bonne foi. Les parties sont libres d'entrer en pourparlers, tout comme elles sont libres de mener à leur guise ou de les rompre.

2. La proposition commerciale

La proposition commerciale est une offre unilatérale faite par une personne soit à une ou plusieurs personnes déterminées, soit à une ou plusieurs personnes indéterminées, au public par exemple, de conclure un contrat déterminé à des conditions déterminées de telle sorte que l'acceptation de son destinataire, ou du premier des destinataires, suffit à former le contrat[220]. L'offre doit être distinguée des simples propositions de contracter, « appels d'offre », « invitation aux pourparlers », « offre d'emploi », qui n'en ont pas la vigueur et n'en produiront pas les effets, soit parce qu'elles n'en expriment pas la volonté du pollicitant d'être engagé dès qu'un destinataire acceptera. Quid des termes de la négociation ?

B. Les termes de la négociation du contrat d'audit géologique

La négociation du contrat d'audit géologique est gouverné par le principe de la liberté des pourparlers (1) cependant les parties peuvent de exceptionnellement de formaliser leurs pourparlers (2).

---

[218] HOUTCIEFF (D.), ibid.

[219] Cass. Com., 6 Mars 1990, n°88-12.477, Bull., IV, n°74 cité par HOUTCIEFF (D.), ibid.

[220] MAINGUY (D.), RESPAUD (J-L.), *Droit des obligations,* Ellipses Edition Marketing S.A., 2008, p. 85

1. Le principe de la liberté des négociations

La période des négociations est marquée par le principe de la liberté. Ainsi, lors de l'initiative de a négociation, les parties sont libres d'entamer des discussions avec les personnes de leur choix et d'en mener d'autres en parallèle avec des tiers, à condition toutefois qu'elles n'aient pas convenu d'une exclusivité danse déroulement des négociations. Elles sont également libres de ne pas entrer en négociation, l'invitation à entrer en pourparlers n'étant pas une offre. Lors du déroulement des négociations, les parties sont également libres de les mener comme elles l'entendent. La liberté contractuelle leur permet d'organiser les négociations dans un cadre dépourvu de toute contrainte, mais elle leur accorde aussi la possibilité de les aménager contractuellement. Lors du déroulement des négociations, les parties sont également libres de les mener comme elles l'entendent. La liberté contractuelle leur permet d'organiser les négociations dans un cadre dépourvu de toute contrainte, mais elle leur accorde aussi la possibilité de les aménager contractuellement. Alors même qu'elles auraient amorcé des pourparlers à cette fin, les parties ne sauraient être tenues à une « *obligation de conclure le contrat* »[221]. Il n'y a donc pas de faute à rompre des négociations[222].

2. Les atténuations au principe de la liberté des pourparlers

Le processus d'élaboration de l'accord de volontés peut être plus ou moins long et complexe. Afin d'assurer la confiance des partenaires au cours de cette période préparatoire du contrat, il a paru nécessaire d'atténuer la portée du principe de liberté contractuelle. En plaçant les négociations sous l'égide de la bonne foi, le Code civil consacre un cadre sécurisant de conduite des négociations, renforcé par la consécration de nouveaux devoirs : un devoir général d'information et un devoir de confidentialité. Les négociations sont des discussions préalables à la formation d'un contrat. Elles n'y conduisent pas toujours. Dans cette recherche d'un accord de volontés destiné à former

---

[221] ZOUHAL (A.), Réforme du droit des obligations : les négociations précontractuelles. In: Revue juridique de l'Ouest, 2016-3. pp.51-66;doi : https://doi.org/10.3406/juro.2016.4878 https://www.persee.fr/doc/juro_0990-1027_2016_num_29_3_4878, note 10

[222] ZOUHAL (A.), ibid.

le contrat, les parties peuvent ou non formaliser leurs échanges et procéder par étapes, au besoin par la conclusion de contrats de pourparlers structurant leurs négociations. Quid de la conclusion du contrat d'audit géologique ?

Paragraphe 2 La conclusion du contrat d'audit géologique

Le contrat d'audit géologique relève du droit commun des contrats pour les règles régissant sa formation.

A. Les conditions subjectives

Il convient d'examiner tour à tour le consentement **(1)** d'une part et la capacité d'autre part **(2).**

1. Le consentement

Le consentement de chacune des parties doit être exempt de vice. Celui du cédant ne soulève pas de difficulté particulière. En revanche, il arrive que le cessionnaire soit trompé sur la valeur réelle du gisement minier. Il est en effet difficile d'apprécier la valeur d'un gisement et les chances de profits qui sont liées à l'exploration ou l'exploitation. Le cessionnaire trompé peut-il invoquer l'*erreur* pour demander la nullité du contrat de cession de titre minier ? Le droit civil retient, comme cause de nullité du contrat, l'erreur sur la substance de la chose, mais non l'erreur sur sa valeur. Cependant la jurisprudence commerciale, voit dans la rentabilité du gisement un élément essentiel, donc la substance du minerai. L'erreur sur l'importance du gisement est considérée comme une erreur sur la substance, entraînant la nullité de la cession du titre minier. Encore faut-il que l'erreur ait été déterminante Dans la ligne de ce raisonnement, la jurisprudence admet aussi que le cessionnaire trompé puisse agir en *garantie* contre le cédant. Le fait que la rentabilité du gisement soit manifestement moins importante que ne l'avait fait croire le cédant est assimilé à un vice caché de la chose vendue. L'acheteur peut alors obtenir soit la résolution du contrat, soit une diminution du prix. Enfin, si le cédant a volontairement trompé le cessionnaire par de fausses déclarations sur la valeur du gisement, par la dissimulation de documents géologiques ou par l'omission du fait que le gisement avait été exploité pendant une certaine période, il commet un *dol.* Ici encore le cessionnaire peut demander l'annulation de la cession.

2. La capacité

Du côté du cédant, la capacité requise est celle qui est exigée pour passer un acte de disposition. La capacité pour consentir une aliénation mobilière devrait en principe suffire. Mais, en raison de la valeur que représente le titre minier, des dispositions particulières du Code civil exigent souvent la capacité requise pour consentir les aliénations d'immeubles. Quant au cessionnaire, la capacité commerciale est requise, car il doit, en principe, exploiter lui-même le gisement qu'il acquiert.

B. Les conditions objectives

Elles ont principalement trait à l'objet **(1)** et la licéité **(2)** de la cession du titre minier.

1. L'objet

L'obligation du cédant a pour objet le titre minier. Les parties déterminent librement les éléments qui sont compris dans la cession de titre minier. Il n'est pas nécessaire que tous les éléments y figurent. Cependant les éléments essentiels, ceux qui sont nécessaires à l'exploitation ou l'exploration du gisement, doivent être compris dans la cession du titre minier.

L'obligation du cessionnaire a pour objet le paiement du prix. Celui-ci doit être déterminé ou déterminable. Elle n'est cependant pas une condition de la validité de la vente. Il arrive que, pour des raisons fiscales, les parties soient tentées de dissimuler une partie du prix. La dissimulation est frappée de peines correctionnelles sévères.

2. La licéité de la cession du titre minier

La cession du titre minier doit être licite. Elle ne doit pas être le prétexte pour masquer une opération de blanchiment de capitaux.

SECTION 2 LES OBLIGATIONS DU CONTRAT D'AUDIT GEOLOGIQUE

L'analyse des obligations du maître d'œuvre **(Paragraphe 1)** précèdera celle du maître d'ouvrage **(Paragraphe 2).**

Paragraphe 1. Les obligations du maître d'œuvre

Le maître d'œuvre a des obligations principales **(A)** d'une part et d'autre part les obligations secondaires **(B).**

A. Les obligations principales

L'entrepreneur est tenu d'accomplir l'audit géologique **(1)** d'une part et d'autre part la rédaction des rapports d'activités **(2).**

1. La réalisation de l'audit géologique du gisement

L'entrepreneur s'engage par le contrat d'audit géologique à évaluer la rentabilité du gisement. A ce titre, il devra réaliser par la mise en œuvre des procédés techniques et scientifiques démontré la preuve de l'existence d'un gisement économiquement rentable. A ce titre, il pourra utiliser des techniques de l'art minier comme une campagne de géochimie du sol, des prélèvements d'échantillons et même des carottages afin de pouvoir réaliser une cartographie géologique du site qui lui a été confiée. L'obligation de l'entrepreneur a un objet qui varie selon les cas ; il faut distinguer, en utilisant la classification des obligations en raison de leur objet, entre les obligations de moyens et les obligations de résultat[223]. L'entrepreneur s'engage à exécuter sa prestation ; il se peut que celle-ci n'ait pas l'effet attendu par le maître de l'ouvrage. La question est de savoir si l'entrepreneur a promis seulement sa prestation ou un résultat déterminé, ce qui suppose qu'il ait pu maîtriser les éléments permettant d'y parvenir, ce que n'est pas la prestation ayant pour objet un conseil ou concernant un être vivant. En réalité, l'entrepreneur est d'une obligation de moyens et de résultats. Il est soumis à une obligation de moyens car il est tenu de mettre tous les procédés de l'art minier pour établir le potentiel du gisement. Il est aussi tenu d'une obligation de résultat car il est tenu de délivrer une information au propriétaire du titre minier sur la valeur réelle de la superficie couverte par le titre minier.

2. La rédaction des rapports d'activités

Aux termes des dispositions de l'article 58 du Décret N° 2002/648/PM du 26 Mars 2002 fixant les modalités d'application de la

---

[223] MALAURIE (Ph.), AYNÈS (L.), GAUTIER (P.-Y.), *Les contrats spéciaux*, 8e édition, Defrénois, 2016, p. 454

loi N°001 du 16 Avril 2001 portant Code Minier : « Pendant la première période de validité ou lors des périodes de validité issues des renouvellements postérieurs, le titulaire du permis de reconnaissance remet tous les six (6) mois au Ministre chargé des mines, un rapport détaillant les travaux réalisés, les dépenses supportées et toutes les données concernant les ressources géologique en minières mise en évidence. Il remet en outre un rapport final soixante (60) jours au plus après l'expiration du permis. » C'est à l'entrepreneur qui incombe de rédiger ces rapports qui seront remis au client, propriétaire du titre minier. Les rapports d'activités permettent d'informer l'Administration en charge des Mines sur l'état d'avancement des travaux sur le terrain.

B. Les obligations secondaires

Les obligations secondaires sont : L'obligation d'information et de conseil **(1)** et les suites du contrat **(2).**

1. L'obligation d'information et de conseil

L'entrepreneur s'est engagé à exécuter une prestation autre qu'une prestation de conseil. Il n'en demeure pas moins que, accessoirement à son obligation principale, ce dernier peut être tenu à des devoirs de conseil et d'information[224]. Ces devoirs sont souvent imposés à l'entrepreneur lorsque le contrat d'entreprise porte sur une chose. Il doit porter à la connaissance de son client les risques ou les inconvénients qui peuvent découler de la construction, de l'installation ou de la réparation de la chose, l'informer des précautions à prendre, l'informer du coût des travaux, le conseiller quant à l'opportunité ou non d'accomplir la prestation demandée... La charge de la preuve pèse sur l'entrepreneur qui doit démontrer que son obligation d'information et de conseil a été correctement exécutée.

Dans le cadre d'un audit géologique, l'entrepreneur est tenu d'informer le propriétaire du titre minier sur la rentabilité du gisement minier. L'investissement minier est un gisement important. Outre l'obligation d'accomplir sa tâche, l'entrepreneur professionnel a une obligation d'information et de conseil ; le contrat suppose ainsi la

---

[224] BOUSTANI (D.), *L'essentiel du droit des contrats spéciaux*, Editions Gualino, 2020-2021, 2ème édition, p. 121

collaboration entre les contractants, plus encore que la vente[225]. Il en est autrement si le client est compétent[226]ou a voulu que l'entrepreneur

---

[225] Présomption de responsabilité à l'encontre de l'entrepreneur gardien du chantier ».54. Ex. : L'architecte : Cass. civ. 3e, 23 juin 1976, Bull. civ. III, no 281 : « La qualification professionnelle de l'architecte lui faisait obligation de conseiller (le traitement du bois de charpente) lors des devis et d'en contrôler l'efficacité lors de la réception » ; il doit également faire connaître et respecter les règles d'urbanisme ; ex. : Cass. civ. 3e, 10 novembre 1998, Bull. civ. III, no 213 ; JCP G 1999.II.10007, note G. LIET-Veaux. En revanche, si le budget dépasse les capacités financières du client, il n'a pas à le mettre en garde : Cass. civ. 3e, 9 novembre 2005, Bull. civ. III, no 213 : « l'architecte n'est pas tenu de renseigner le maître de l'ouvrage sur ses propres capacités financières ». L'entrepreneur de bâtiments : Cass. civ. 1re, 20 juin 1995, Bull. civ. I, no 276 ; D. 1996, somm, 12, obs. G. PAISANT : « L'obligation d'information et de conseil de l'entrepreneur installateur de matériau lui impose d'appeler l'attention du maître de l'ouvrage sur les inconvénients du produit choisi et sur les précautions à prendre pour sa mise en œuvre, compte tenu de l'usage auquel ce matériau est destiné » ; jugé que l'entrepreneur était responsable de la décoloration des tuiles fournies. L'avocat : Ex. : Cass. civ. 1re, 29 avril 1997, D. Aff. 1997.729 ; Contrats, conc. consom. n°111, n. L. LEVENEUR, no 213 ; n.p.B. La cour d'appel avait déclaré responsable l'avocat qui avait engagé une procédure vouée à l'échec ; pourvoi de l'avocat, qui reprocha à l'arrêt d'avoir mis à sa charge « la preuve de ce qu'il s'était acquitté de son devoir de conseil ». Rejet : « l'avocat est tenu d'une obligation particulière d'information et de conseil vis-à-vis de son client et il lui importe de prouver qu'il a exécuté cette obligation ». Il est également tenu d'un « devoir de compétence » : Cass. civ. 1re, 14 mai 2009, no 08-15899, JCP G 2009, no 94, obs. H. Slim ; Bull. civ. I, no 92 ; RTD civ. 2009. 493, obs. P. DEUMIER, 725, obs. P JOURDAIN, 744, obs. P.-Y. Gautier. Le revirement de jurisprudence doit être prévisible : Cass. civ. 1re, 15 déc. 2011, no 10-24550, JCP G 2012, no 169, n. H. Slim, Bull. civ. I, no 214. L'obligation de conseil est appliquée aux notaires : ex. Cass. civ. 1re, 11 juillet 2006, Bull. civ. I, no 389 ; D. 2006, Jur. 2510, n. P.-Y. Gautier ; JCP 2006.II.10191, n. M. MEKKI ; Defrénois 2006.1890, n. F. Hebert : « tenu de conseiller les parties et d'assurer l'efficacité des actes dressés, le notaire doit préalablement à l'authentification d'un acte de vente, veiller au respect des droits du bénéficiaire du pacte, et, le cas échéant, refuser d'authentifier la vente conclue en violation de ce pacte » ; L'avocat n'est pas tenu de conseiller « l'opportunité économique » de l'opération à laquelle il prête son concours : Cass. civ. 1re, 4 novembre 2011, no 10-19942, Bull. civ. I, no 193 ; D. 2011.2793 ; Defrénois 2011.1649, n. M. Latina. Ni garantir son efficacité. Cité par MALAURIE (Ph.), AYNÈS (L.), GAUTIER (P.-Y.), *Les contrats spéciaux*, op. Cit p.454 n°54 ;

[226] Ex. : entrepreneur : Cass. civ. 1re, 17 juillet 1967, Bull. civ. I, no 264 ; RTD civ. 1967.841, obs. G. Cornu : « La responsabilité de l'architecte et de l'entrepreneur reste engagée, alors même qu'il n'a fait que suivre les ordres du propriétaire pour le mode de construction ou l'emploi de matériaux, à moins que le propriétaire ne soit notoirement compétent en matière de construction » ; depuis une jurisprudence abondante et constante qui a commencé en 1995, il n'en est pas de même des notaires(dont la responsabilité n'est pas contractuelle) ; ex. : Cass. civ. 1re, 4 avril

suive ses exigences[227]. Comme pour la garantie dans la vente, on ne règle pas de la même manière les rapports des professionnels entre eux et ceux des professionnels avec les profanes. Le devoir de conseil et la responsabilité de l'entrepreneur docile aux volontés du client s'atténuent ou même disparaissent lorsque le client compétent en raison de sa profession n'a pas à être conseillé. La jurisprudence va plus loin ; si, dûment averti, le client passe outre, l'entrepreneur doit refuser son concours et se retirer du contrat, à peine d'engager sa responsabilité : il ne doit pas exécuter un travail dont il sait qu'il causera des dommages corporels à son client ou à des tiers.

2. Les suites

Les suites du contrat ont trait à la qualité et à la recevabilité des travaux des travaux par la Direction de la Géologie. Lorsque l'entrepreneur exécute toutes les obligations dont il est tenu en vertu du contrat, il doit rédiger un rapport d'activités qui sera transmis à la Direction de la Géologie du Ministère en charge des Mines pour appréciation[228]. Il en ressort que le contrat d'audit géologique sera considérée comme exécuté lorsque l'Administration en charge des Mines aura validé son rapport d'activités.

2001, Bull. civ. I, no 104 :« tenu de conseiller les parties et d'assurer l'efficacité des actes dressés, le notaire doit, préalablement à l'authentification d'un acte de vente, veiller au respect des droits du bénéficiaire du pacte, et, le cas échéant, refuser d'authentifier la vente conclue en violation de ce pacte » Cité par MALAURIE (Ph.), AYNÈS (L.), GAUTIER (P.-Y.), *Les contrats spéciaux*, op. Cit

[227] Cass. civ. 3e, 25 novembre 1998, Bull. civ. III, no 220 ; en l'espèce, un commerçant, mécontent de l'installation électrique de son magasin, demanda à un artisan électricien de la modifier, exigeant la remise en place des lampes halogènes qui avaient déjà provoqué la surchauffe et qui la causèrent à nouveau. Jugé que l'artisan n'était pas responsable de cette nouvelle surchauffe et devait être payé. 65. N. REBOUL, Les contrats de conseil, PUAM, 1999, nos 97 et s. 678 et s. J. BERNARD DE SAINTAFFRIQUE, « Du devoir de conseil », Defrénois 1995, art. 36134. Cité par MALAURIE (Ph.), AYNÈS (L.), GAUTIER (P.-Y.), *Les contrats spéciaux*, op. Cit

[228] Aux termes des dispositions de l'Article 1 l'Arrêté N° 002328/MINMIDT/SG/DAJ du 07 Avril 2014 fixant les modalités d'élaboration et de présentation des rapports techniques des travaux de recherches géologique et minière : « *Le présent arrêté a pour objet la présentation des rapports techniques des travaux de recherches géologiques à soumettre pour évaluation au Ministère en charge de la Géologie (...) »*

Paragraphe 2. Les obligations du maître d'ouvrage

Outre des obligations accessoires **(B)** telles que faciliter l'exécution de la tâche, le client a deux obligations principales **(A)** : payer le prix, et prendre livraison et réception de la chose vendue.

A. Les obligations principales

Les obligations principales du client (le maître d'ouvrage) sont : Le paiement du prix **(1)** et la prise de livraison **(2).**

1. Le paiement du prix

Le contrat d'audit géologique est nécessairement à titre onéreux[229]; sinon, il serait une convention d'entraide où, comme toujours, la responsabilité de celui qui agit à titre bénévole est allégée[230]. Il doit normalement être rémunéré en argent par le maître de l'ouvrage, faute de quoi il constituerait un contrat innommé. Le paiement effectif de l'entrepreneur est une préoccupation constante de la loi. Comme tout créancier, l'entrepreneur impayé jouit d'un droit de rétention sur la chose que le contrat l'a obligé à livrer. La forme du contrat étant soumise au droit commun de la preuve, le montant du prix peut être établi par tous moyens, sauf lorsque la loi en dispose autrement. Les modes de détermination du prix présentent une grande diversité. Soit le prix n'est pas fixé à l'avance : il le sera « sur facture », une fois le travail fait, ce qui est le procédé le plus conforme à la nature du contrat[231] ; soit il est fixé par avance globalement, il s'agit d'un contrat à forfait[232] ; soit il est fixé sur série, il s'agit d'un paiement sur devis[233].

---

[229] Aux termes de l'article 1710 du Code Civil : « Le louage d'ouvrage est un contrat par lequel l'une des parties s'engage à faire quelque chose pour l'autre, moyennant un prix convenu entre elles ».

[230] Cass. civ. 3e, 17 décembre 1997, Bull. civ. III, no 226 ; D. Aff. 1998.667 : « Le contrat d'entreprise [...] est présumé conclu à titre onéreux »

[231] À la différence de la vente, il n'est pas nécessaire que le prix soit déterminé au moment de la conclusion du contrat. Comme dans le mandat, le prix dépend d'une activité humaine, dont l'étendue peut ne pas être connue à l'avance. Le prix peut être fixé d'accord par les parties après l'exécution. À défaut d'accord, le nouvel article 1165 prévoit que le prix sera fixé par le créancier, le juge pouvant allouer des dommages et intérêts au débiteur en cas d'abus. Cette règle modifie profondément la jurisprudence antérieure qui décidait qu'à défaut d'accord, le juge (ou l'arbitre) devait le fixer d'après la valeur de la prestation accomplie (coût + bénéfice). Il reste à savoir

2. La prise de livraison

La prise de livraison et la réception sont des obligations du maître de l'ouvrage qui n'apparaissent que lorsque l'entreprise est relative à une chose. Le maître de l'ouvrage (le client) doit prendre livraison de la chose au temps fixé. Dans le cadre du contrat d'audit géologique, le client doit prendre livraison des rapports d'activités élaborés par l'entrepreneur. La prise de livraison constitue un acte matériel, alors que la réception est un acte juridique. La réception n'est concevable que lorsque le contrat d'entreprise a une chose pour objet. Elle est surtout pratiquée dans les contrats de construction, où elle présente un particularisme. Cette obligation ressemble à l'obligation de retirement qui pèse sur l'acheteur dans la vente. Le maître de l'ouvrage peut déclarer accepter le travail accompli avec ou sans réserves. Les réserves permettent au maître de l'ouvrage de faire connaître son insatisfaction.

---

si elle supprime ce droit spécial (Rappr. art. 1105 C. civ.), alors que la solution est d'une grande utilité. C'est à l'entrepreneur qu'il appartient, en l'absence de clause précise, de démontrer que le prix qu'il demande n'est pas excessif et que le client lui a commandé le travail pour lequel il réclame paiement.

[232] Le prix peut être fixé par les parties de manière globale dans le contrat avant l'exécution de l'ouvrage. Il ne peut alors être modifié unilatéralement par l'une d'elles ; notamment l'entrepreneur ne peut demander d'augmentation, même si le coût du travail a dépassé ses prévisions. Ce qui n'est qu'une application du droit commun des contrats à forfait. Cette fixation globale anticipée fait prendre un risque aux deux parties ; cette fixation définitive du prix est compatible avec son indexation. La loi renforce la protection du client (le maître de l'ouvrage) contre le risque d'avoir à payer des travaux supplémentaires s'ajoutant à l'ouvrage convenu lorsqu'il s'agit de la construction de bâtiments et qu'il y a forfait. L'entrepreneur ne peut exiger un supplément de prix en raison des travaux supplémentaires qu'il a faits, que dans trois hypothèses. La première est la seule prévue par l'article 1793 : l'autorisation écrite et préalable des travaux pour un prix convenu. La jurisprudence a assoupli la rigidité de cette règle de trois manières. D'abord si les travaux modificatifs effectués à la demande du maître de l'ouvrage ont entraîné « un bouleversement de l'économie du contrat » : on change alors de contrat d'entreprise pour en revenir à un contrat sans prix fixé à l'avance. Ensuite, depuis toujours et plus classique, si le maître de l'ouvrage a accepté expressément et sans équivoque les travaux une fois effectués18. Enfin, le maître est de mauvaise foi s'il laisse faire les travaux sans réagir.

[233] Le prix n'est pas fixé globalement dans le contrat, mais article par article, suivant devis. Il ne peut être déterminé définitivement qu'à la fin des travaux, d'après la quantité exécutée. Comme il est difficile aux particuliers de discuter le prix des constructions sur des produits très différents, la pratique adopte souvent les séries de prix constituées pour les travaux publics, étendues aux constructions privées.

B. Les obligations secondaires

Elles portent sur la facilitation de l'exécution de la tâche (1) d'une part et d'autre part sur la fourniture de la matière première (2)

1. La facilitation de l'exécution de la tâche

La facilitation de l'exécution de la tâche peut consister en la présentation du maître d'œuvre par le maître d'ouvrage auprès des autorités administratives et traditionnelles de la (les) circonscription(s) administrative(s) dans lesquels se déroulera la prestation essentielle, objet du contrat. Par ailleurs, le maître d'œuvre peut solliciter du maître d'ouvrage qu'il mette à sa disposition les données géologiques dont il dispose.

2. La fourniture de la matière

S'agissant de la fourniture de la matière, le maitre d'œuvre peut solliciter que le matériel nécessaire pour la réalisation de l'audit géologique soit mis à sa disposition par le Maitre d'ouvrage. Il peut s'agit du matériel technique ou alors de simples consommables comme l'eau, la nourriture. Dans la pratique, le Maître d'ouvrage fournit les moyens financiers au maitre d'œuvre pour l'acquisition de la matière première.

TITRE 2 : LES CONTRATS MINIERS RELATIF AU DEVELOPPEMENT DU PROJET MINIER

Le titre minier est un acte juridique délivré par l'autorité compétente à une personne physique ou morale aux fins de l'exercice des activités minières sur une parcelle délimitée du territoire national. Aux termes des dispositions de l'article 97 alinéa 1 du Code Minier : «*A l'exception de l'autorisation d'exploitation artisanale ou artisanale semi-mécanisée, tout droit portant sur un titre minier, peut donner lieu à toute forme de transaction, notamment l'amodiation, la cession, le nantissement et le gage. Il peut également faire l'objet d'une saisie conformément aux lois en vigueur.* » De ce qui précède, il ressort que le titre minier est un bien[234] susceptible d'échange, de circulation, pour employer un terme devenu classique[235]. On appelle « circulation d'un titre minier », le fait qu'un titre minier puisse être transmis par voie de contrat à une autre que l'une des parties initiales. C'est évidemment une conception très économique du titre minier qui permet d'admettre cette solution. Si en effet, le titre minier est généralement considéré comme un lien de droit, de façon très subjective, il peut aussi être considéré comme un bien, de manière plus objective. Le titre minier est monétairement évaluable, c'est une valeur donc un bien, un élément du patrimoine, au sens du mécanisme du droit des biens. Tous les titres miniers ne sont pas logés à la même enseigne, seuls certains d'entre eux peuvent faire d'une transaction. D'un point de vue juridique, la question de la patrimonialité des titres minier ne va pas sans susciter quelques interrogations. Aux termes de l'article 1598 du Code Civil camerounais : «*Tout ce qui est dans le commerce peut être vendu, lorsque des lois particulières n'en pas prohibé l'aliénation* ». Compte tenu de ce que le titre minier est un acte administratif unilatéral, la question qui se pose donc de savoir si un acte administratif est dans le commerce juridique ? Pour répondre à cette question, il faut reconnaitre que les dispositions de l'article 97 alinéa 1 la loi n° 2016/017 du 14 Décembre 2016 portant Code Minier sont plus avancée que le droit commun des contrats, la question ne fait pas l'unanimité en doctrine[236]. Car, l'idée de la patrimonialité du titre minier est très nouvelle. Le titulaire d'un titre

---

[234] Cf. supra

[235] MAINGUY (D.), RESPAUD (J-L.), op cit, p. 186 note 2

[236] HOSTIOU (R.), la patrimonialité des actes administratifs et la Convention européenne des droits de l'homme, RFDA 2009

minier peut être exploité directement, ou dans le cadre d'une amodiation **(Chapitre 1).** Il peut aussi décider de le vendre à un tiers par la voie de la cession du titre minier **(Chapitre 2).** L'autorisation administrative préalable est également nécessaire pour réaliser des opérations qui ne transfèrent que la jouissance et non la propriété des titres miniers : amodiation, sous-amodiation et autres formes de location ou sous-location.

CHAPITRE 1: L'AMODIATION

La loi de 2016 portant Code Minier définie l'amodiation comme : « *Un acte par lequel le titulaire d'un droit minier remet l'exploitation d'un gisement à un tiers moyennant redevance ou tout autre mode de rémunération convenu entre l'amodiant et l'amodiataire.* » En premier lieu, il faudrait souligner que le législateur s'est abstenu de classer l'amodiation dans la catégorie juridique des contrats miniers. Pour atteindre ce résultat, les rédacteurs du Code Minier ont sciemment qualifié l'amodiation « *d'acte* » sans toutefois préciser la nature juridique de cette opération. Ils ont plutôt eu une approche finaliste en prenant le soin de préciser le but de l'opération qui est *« l'exploitation d'un gisement à un tiers moyennant redevance ou tout autre mode de rémunération convenu entre l'amodiant et l'amodiataire. »* On peut penser que la légèreté rédactionnelle dont on fait montre les rédacteurs du code Minier cachent mal leur maîtrise du droit des contrats miniers qui vraisemblablement pour eux se limitent à la seule convention minière. En réalité, on peut dire que ces derniers ont voulu éviter toute confusion entre la convention minière et l'amodiation. Une telle prudence est compréhensible, mais elle rend mal compte de la réalité. Les contrats miniers ne se réduisent plus à la seule convention minière. Le souci de vouloir limiter à la catégorie juridique des contrats miniers à la seule convention minière a amené les rédacteurs du Code Minier de 2016 à qualifier l'amodiation de « transactions ». Si cette qualification a le mérite de la simplicité, elle ne résout néanmoins pas le problème et cache même la réalité contractuelle qui sous-tend cette opération. Quelle est la nature juridique de l'amodiation ? Quelle est la structure de l'amodiation ? L'analyse de la nature juridique de l'amodiation **(Section 1)** précèdera celle de la structure de l'amodiation **(Section 2).**

SECTION 1. LES ELEMENTS DE L'AMODIATION

Comme tout contrat, l'amodiation donne naissance à des obligations, son effet principal est de transférer les droits et obligations du titulaire du titre minier au profit d'un tiers. Contrairement aux contrats miniers qui se forment par le seul échange des consentements, l'amodiation est un contrat réel, c'est-à-dire que sa formation est conditionnée à la remise du bien. En contrepartie de la remise du titre, le tiers devrait versement une redevance à ce dernier. De ce qui précède, il ressort que l'amodiation présente deux caractères principaux : La remise du bien **(Paragraphe 1**) et le paiement du prix **(Paragraphe 2)**.

Paragraphe 1. La remise de la chose

Quel est l'intérêt de la remise de la chose ? Quel est l'objet de la remise ? Nous aborderons tour à tour l'intérêt de la remise de la chose **(A)** d'une part et d'autre part l'objet de la remise **(B).**

A. L'intérêt de la remise de la chose

Traditionnellement, le seul échange des consentements suffit à former le contrat, on dit que le contrat se forme solo consensus. Selon l'analyse classique, le cœur du contrat est l'accord de volontés, qui en détermine la teneur. La règle traditionnelle en droit camerounais, est que les contrats sont par principe « consensuels » : ils se concluent par le seul accord des volontés sans demander une forme particulière. Toutefois, il existe deux exceptions à ce principe. Il s'agit des contrats solennels[237] et des contrats réels[238]. L'analyse de la définition légale de l'amodiation, nous permet de constater que le contrat d'amodiation est un contrat réel, c'est-à-dire que la remise de l'exploitation est une condition de formation du contrat. Il faut dire qu'avant la consécration de l'amodiation, les seuls contrats réels connus dans le droit des contrats au Cameroun étaient le prêt, le dépôt et le gage avec dépossession.

B. L'objet de la remise

L'objet du contrat est cité par l'article 1108 comme un élément essentiel : « *Un objet certain qui forme la matière de l'engagement.* » pourtant, l'objet de l'amodiation n'est pas aisé à décrire en raison de l'imprécision que recouvre la notion d'amodiation. Le contrat a pour objet un service ou une chose. Cependant, le législateur n'a pas

---

[237] Les contrats **solennels** sont des contrats dont la validité suppose non seulement l'accord des volontés, mais aussi l'observation de certaines formes déterminées, faute de quoi ils sont nuls, à moins d'être ultérieurement régularisés, c'est-à-dire revêtus de la forme qui leur manquait. Ainsi en est-il de la constitution d'hypothèque et de la donation, dont la validité est subordonnée à la rédaction d'un acte notarié

[238] Leur formation suppose, non seulement un accord de volontés, mais aussi la remise d'une chose

spécifiquement précisé ce sur quoi porte la remise. Est-ce son droit minier ou son exploitation que porte la remise ? Il faut dire qu'à ce niveau, le Code Minier de 2016 a brillé par son absence de clarté. Cependant les enseignements tirés des législations minières peuvent nous permettre d'avoir des éléments de réponse. En saine théorie juridique, l'amodiation est un contrat par lequel le titulaire (l'amodiant) d'un titre minier d'exploitation transfère à un tiers (amodiataire), en tout ou partie, le droit d'exploiter une mine et les obligations (juridiques, fiscales, environnementales, communautaires) qui en découlent sur le périmètre amodié en contrepartie du versement d'une redevance. C'est dire que l'amodiation porte sur le droit minier. En réalité, dans l'amodiation, l'amodiant concède à l'amodiataire, un droit d'usage de la chose. Ce qui est d'ailleurs tout à fait légal. Car aux termes des dispositions de l'article 1127 du Code Civil : « *Le simple usage ou la simple possession d'une chose peut être, comme la chose même, l'objet du contrat* ». C'est la raison pour laquelle pour des besoins d'intelligibilité de la loi, il serait de bon aloi que le législateur modifie la loi pour améliorer la rédaction de la définition. Quid du versement du prix ?

Paragraphe 2. La rémunération du titulaire du droit minier

L'amodiant remet à l'amodiataire l'exploitation de son gisement *tiers moyennant redevance ou tout autre mode de rémunération convenu entre l'amodiant et l'amodiataire.* » De ce qui précède, en contrepartie de la remise de la chose, l'amodiant doit être désintéresser. Son désintéressement peut prendre la forme du paiement d'une redevance **(A)** ou alors le paiement peut se faire par équivalence **(B)**.

A. Le paiement d'une redevance

Le paiement d'une redevance est un élément caractéristique de l'amodiation. Il ne peut y avoir d'amodiation sans le paiement d'une redevance. La redevance est une somme d'argent que le tiers doit payer au titulaire du droit minier en contrepartie de la remise du droit d'exploiter son gisement. Elle constitue un élément essentiel de l'amodiation ; pas de redevance ; pas d'amodiation. De ce qui précède, il ressort que le prix de la redevance doit être fixé **(1)** dans le contrat. Par ailleurs, le montant de la redevance doit être réel et sérieux **(2).**

1. La fixation du prix de la redevance

Le prix de la redevance peut être fixé de manière subjective ou objective. Dans une économie de marché, la valeur d'une chose résulte de la loi de l'offre et de la demande. Elle est librement appréciée par les parties, sans nécessairement correspondre à sa valeur économique, laquelle est elle-même une notion composite sur laquelle les économistes ne sont pas d'accord. Le prix de la redevance est fixé en fonction des besoins et désirs du titulaire du droit minier et des moyens et désirs du tiers (l'amodiataire). C'est le prix « subjectif », le point d'accord particulier. Naturellement, les parties peuvent aussi se référer à un prix « objectif » : Le cours des matières premières sur le marché. Les parties pourront par exemple décider que le prix de la redevance sera fixé en fonction de la rentabilité réelle du gisement. Ce type de stipulations peut s'expliquer par le fait que le minerai à une valeur économique qui fluctue au gré des évènements. Et l'amodiant entend être associé à la rentabilité de la partie du gisement dont il a cédé le droit d'exploitation au tiers. Quid du caractère réel et sérieux de la redevance ?

2. Une redevance réelle et sérieuse

Le prix de la redevance doit être réel et sérieux pour que l'amodiation soit valable. Les deux notions de prix réel et sérieux sont distinctes, car elles n'ont pas la même teneur : l'une est subjective, s'attachant à l'intention des parties, l'autre est objective, s'attachant à l'existence matérielle du prix. Ce qui s'oppose au prix réel est le prix fictif (parfois dénommé prix simulé), dont il était convenu entre les parties, dès la conclusion du contrat, qu'il ne serait jamais payé. Un prix est sérieux lorsqu'il n'est pas dérisoire ; il est dérisoire lorsqu'il est inexistant (zéro francs CFA) ou ridiculement bas (un lingot d'or vendu à mille francs), ce qui est un critère objectif. L'amodiation à un franc symbolique est parfois valable, soit parce que la convention constitue une donation indirecte, soit parce que, lors du contrat, le gisement était sans valeur – par exemple, une entreprise en difficultés ; soit surtout parce que la chose vendue à une autre contrepartie que le franc symbolique. Quid du paiement par équivalence ?

B. Le paiement par équivalence

Dans le langage juridique, le paiement a un sens beaucoup large que dans le sens courant. Le paiement peut avoir d'autres formes que celui du versement de la redevance. On analysera tour à tour le paiement par équivalence avec satisfaction de l'amodiant **(1)** d'avec ceux qui ceux qui ne satisfont pas l'amodiant **(2).**

1. Le paiement par équivalence avec satisfaction de l'amodiant

Il peut prendre la forme d'une dation en paiement, de la novation de créance, d'une compensation et la délégation.

2. Le paiement par équivalence sans satisfaction de l'amodiant

Le paiement de la redevance ici revêt la forme d'une remise de dette entre les parties. Il faut juste préciser que les parties doivent apporter la preuve de l'existence du titre de créance.

SECTION 2. LES EFFETS DU CONTRAT D'AMODIATION

L'amodiation est un contrat réel dont l'effet est de transférer les droits et obligations du titulaire du droit minier (**Paragraphe 1**) qui produit des effets **(Paragraphe 2)** ?

Paragraphe 1. Le transfert des droits et obligations

Quelle est l'étendue du transfert des droits et obligations ? Quelles sont les conséquences du transfert des droits et obligations ?

A. L'étendue du transfert des droits et obligations

L'amodiation n'a pas pour effet de transférer la propriété du droit minier au profit du tiers **(1)** qui ne bénéficie que d'un droit d'exploitation du gisement **(2).**

1. L'absence de transfert de propriété du droit minier du titulaire

Contrairement à la cession de titre, l'amodiation n'a pas d'effet translatif de propriété. A travers l'amodiation, l'amodiant n'entend pas transférer la propriété de son titre minier qui demeure la propriété du titulaire. C'est la raison pour laquelle l'amodiataire ne peut pas céder le titre minier à titre onéreux.

2. La reconnaissance d'un droit d'exploitation du gisement

L'amodiation confère à l'amodiataire un droit d'exploitation du gisement. En effet, comme nous l'avons indiqué plus haut, ce sur quoi porte l'amodiation c'est « *le simple usage* » *ou* « *la simple possession* » du gisement. En effet, aux termes des dispositions de l'article 1126 du Code Civil : « *le simple usage ou la simple possession d'une chose peut être, comme la chose même, l'objet du contrat* ». Dans le cas d'espèce, l'amodiant est titulaire d'un droit minier. Et c'est sur ce droit minier qu'il entend faire bénéficier à l'amodiataire, un droit d'exploitation du gisement. Quid des conséquences du transfert du droit d'exploitation du gisement ?

B. Les conséquences du droit d'exploitation du gisement

Le transfert du droit d'exploitation du gisement a pour effet de transfert les droits et obligations de l'amodiant vers l'amodiataire **(1)** d'une part et d'autre part l'élargissement de l'assiette des répondants des éventuelles dommages **(2).**

1. Le transfert des droits et obligations de l'amodiant vers l'amodiataire

Le transfert du droit d'exploitation emporte transfert des droits et obligations du tiers vers l'amodiataire. En effet, en contrepartie de l'exploration ou de l'exploitation du gisement, l'amodiataire est tenu d'acquitter les droits et obligations qui incombent à l'amodiant.

2. L'élargissement de l'assiette des répondants des éventuels dommages

La réponse à cette question varie selon les législations. Alors que certaines législations prévoient une solidarité légale, totale ou partielle – limitée par exemple à la matière fiscale ou environnementale –, entre amodiant et amodiataire afin de neutraliser les effets potentiellement défavorables pour l'Etat de clauses contractuelles exonératoires ou limitatives de responsabilité stipulées dans le contrat d'amodiation, d'autres ne l'envisagent pas et le débat portera alors davantage sur la question de savoir si l'approbation par l'Etat du contrat d'amodiation a pour effet de valider ces clauses limitatives ou exonératoires et de les lui rendre opposables, ou non.

Paragraphe 2. Les effets de l'amodiation

L'analyse des effets de l'amodiation entre les parties **(A)** précèdera celle des effets de l'amodiation à l'égard de l'Etat **(B).**

A. Les effets entre les parties

L'amodiation crée des obligations aussi bien à l'égard de l'amodiant **(1)** qu'à l'égard de l'amodiataire **(2).**

1. Les effets à l'égard de l'amodiant

L'amodiant a pour obligation principale de remettre le gisement en vue de son exploitation ou de son exploration. Par ailleurs, l'amodiant doit assurer à une exploitation ou une exploration paisible du gisement amodié.

2. Les effets à l'égard de l'amodiataire

Pendant sa jouissance, l'amodiataire est tenu de payer les redevances dus à l'amodiant. Par ailleurs, il est tenu respecter la destination conventionnelle de la chose. Il devra sous reconduction du contrat d'amodiation libérer le gisement. La question se pose de savoir si l'amodiataire peut procéder à une sous-amodiation ? En principe, rien ne s'oppose à cela mais il s'agit d'une simple faculté qui peut lui être ôté. Quid des effets à l'égard de l'Etat ?

B. Les effets à l'égard de l'Etat

Pour que l'amodiation soit opposable à l'Etat, il faut que ce dernier valide cette opération. En effet, aux termes des dispositions de l'article 97 alinéa 3 du Code Minier : « *Toute transaction directe ou indirecte sur un titre minier est soumise à l'approbation préalable du Ministre chargé des Mines chargé des mines qui dispose d'un délai de quarante-cinq (45) jours pour se prononcer.* »

L'amodiation présente un risque immédiat pour l'Etat : le transfert des droits et obligations miniers par l'amodiant à l'amodiataire a pour effet de substituer au titulaire (amodiant) un tiers dont les capacités techniques et financières doivent être évaluées, ou que l'Etat n'entend tout simplement pas autoriser à exploiter ses ressources minières pour de multiples raisons(réputation, capacité technique et financière…). Mais elle présente également, lorsqu'elle est irrégulière, un risque important pour l'amodiant et l'amodiataire eux-mêmes. En effet, l'Etat exerce sa pleine souveraineté sur ses ressources naturelles. Il en résulte que de telles amodiations doivent le plus souvent être préalablement autorisées par l'Etat et que toute amodiation irrégulière – ou amodiation de fait – qui interviendrait en l'absence d'autorisation, pourrait faire l'objet de sanctions particulièrement vigoureuses : d'une part, les amodiations de fait seront réputées nulles ou inopposables à l'Etat et, d'autre part, le titre minier détenu par l'amodiant pourra faire l'objet d'un retrait. Ce sont donc à la fois l'amodiant et l'amodiataire qui supporteront les risques liés à la mise en place d'une amodiation irrégulière. L'amodiation est donc un mécanisme intéressant et flexible mais il peut être risqué pour l'ensemble des parties prenantes.

L'amodiation soulève de très nombreuses questions de droit mais l'une d'entre elle, qui entretient une relation étroite avec le droit des sociétés, nous semble devoir être évoquée. Les législations minières prévoient le plus souvent que l'Etat a le droit de se voir octroyer une participation minoritaire, gratuite et non-diluable au capital de la société titulaire d'un titre minier d'exploitation. Les objectifs d'une telle participation sont au nombre de quatre : permettre, en premier lieu, à l'Etat d'obtenir les informations destinées aux actionnaires de la société ; lui permettre, en deuxième lieu, d'être représenté au sein des organes d'administration (avec ou sans droit de vote) ou de direction de cette société ; en troisième lieu, lui réserver, lorsqu'une distribution devient possible, la part de dividende qui lui revient ; et, en quatrième et dernier lieu, lui permettre de réaliser une plus-value de cession d'un montant potentiellement important lorsque le droit minier répute cette participation cessible. Or, lorsqu'une amodiation est mise en place, les revenus ne sont plus générés par le titulaire du titre d'exploitation mais bien par l'amodiataire auquel le titulaire-amodiant a transféré ses droits et obligations. C'est dire que les revenus d'exploitation seront appréhendés par l'amodiataire alors que l'amodiant ne percevra que la redevance d'amodiation contractuellement convenue. Les dividendes reçus ou la plus-value réalisée par l'Etat s'il demeure actionnaire de l'amodiant seront donc beaucoup plus faibles que s'il était devenu actionnaire de l'amodiataire.

CHAPITRE 2. LA CESSION DU TITRE MINIER

La cession de titre minier peut être définie comme l'opération par laquelle le titulaire d'un droit minier tout ou partie de ses droits à un tiers. La cession d'un titre minier obéit à des règles particulières tant dans ces conditions (**Section 1**) que dans ses effets (**Section 2**).

SECTION 1. LES CONDITIONS DE LA CESSION DU TITRE MINIER

Elles ont trait aux conditions de fond d'une part **(Paragraphe 1)** et aux conditions de forme d'autre part **(Paragraphe 2).**

Paragraphe 1. Les conditions de fond

La cession du titre minier étant un contrat, elle doit préalablement obéir aux conditions de validité de droit commun telles que les conditions de capacité, de consentement ou de contenu requises pour tout contrat. Ces conditions sont de deux sortes. D'une part, il y'a les conditions subjectives **(A)** et d'autre part les conditions objectives **(B).**

A. Les conditions subjectives

Il convient d'examiner tour à tour le consentement **(1)** d'une part et la capacité d'autre part **(2).**

1. Le consentement

Le consentement de chacune des parties doit être exempt de vice. Celui du cédant ne soulève pas de difficulté particulière. En revanche, il arrive que le cessionnaire soit trompé sur la valeur réelle du gisement minier. Il est en effet difficile d'apprécier la valeur d'un gisement et les chances de profits qui sont liées à l'exploration ou l'exploitation. Le cessionnaire trompé peut-il invoquer l'*erreur* pour demander la nullité du contrat de cession de titre minier ? Le droit civil retient, comme cause de nullité du contrat, l'erreur sur la substance de la chose, mais non l'erreur sur sa valeur. Cependant la jurisprudence commerciale, voit dans la rentabilité du gisement un élément essentiel, donc la substance du minerai. L'erreur sur l'importance du gisement est considérée comme une erreur sur la substance, entraînant la nullité de la cession du titre minier. Encore faut-il que l'erreur ait été déterminante. Dans la ligne de ce raisonnement, la jurisprudence admet aussi que le cessionnaire trompé puisse agir en *garantie* contre le cédant. Le fait que la rentabilité du gisement soit manifestement moins importante que ne l'avait fait croire le cédant est assimilé à un vice caché de la chose vendue. L'acheteur peut alors obtenir soit la résolution du contrat, soit une diminution du prix. Enfin, si le cédant a volontairement trompé le cessionnaire par de fausses déclarations sur la valeur du gisement, par la dissimulation de documents géologiques ou par l'omission du fait que le gisement avait été exploité pendant une certaine période, il commet un *dol.* Ici encore le cessionnaire peut demander l'annulation de la cession.

2. La capacité

Du côté du cédant, la capacité requise est celle qui est exigée pour passer un acte de disposition. La capacité pour consentir une aliénation mobilière devrait en principe suffire. Mais, en raison de la valeur que représente le titre minier, des dispositions particulières du Code civil exigent souvent la capacité requise pour consentir les aliénations d'immeubles. Quant au cessionnaire, la capacité commerciale est requise, car il doit, en principe, exploiter lui-même le gisement qu'il acquiert.

B. Les conditions objectives

Elles ont principalement trait à l'objet **(1)** et la licéité **(2)** de la cession du titre minier.

1. L'objet

L'obligation du cédant a pour objet le titre minier. Les parties déterminent librement les éléments qui sont compris dans la cession de titre minier. Il n'est pas nécessaire que tous les éléments y figurent. Cependant les éléments essentiels, ceux qui sont nécessaires à l'exploitation ou l'exploration du gisement, doivent être compris dans la cession du titre minier.

L'obligation du cessionnaire a pour objet le paiement du prix. Celui-ci doit être déterminé ou déterminable. Elle n'est cependant pas une condition de la validité de la vente. Il arrive que, pour des raisons fiscales, les parties soient tentées de dissimuler une partie du prix. La dissimulation est frappée de peines correctionnelles sévères.

2. La licéité de la cession du titre minier

La cession du titre minier doit être licite. Elle ne doit pas être le prétexte pour masquer une opération de blanchiment de capitaux.

Paragraphe 2. Les conditions de forme

Le principe qui gouverne le droit des contrats est celui du consensualisme : Les contrats se forment par le seul échange des consentements. Au contraire le formalisme caractérise un système qui exige le respect de telle forme prédéterminée, généralement par la loi, pour que le consentement, exprimé par ailleurs, puisse produire ses effets[239]. Dans le droit des contrats miniers, le législateur a fait du formalisme, une condition en l'absence de laquelle certains contrats miniers ne seraient que des promesses de contrats. Il en est ainsi pour le contrat de cession de titre minier dont la loi impose que pour que la transaction soit valide, il faut que la contrat de cession projeté soit approuvée par le Ministre chargé des Mines **(A)** et que la transaction soit enregistrée auprès du conservateur **(B).**

A. L'approbation de la cession du titre minier par le Ministre en charge des Mines

Quelle est la portée l'approbation de la transaction par le Ministre en charge des Mines **(1)** ? Quelles sont les modalités de cette approbation **(2)** ?

1. La portée de l'approbation de la cession du titre minier

Aux termes des dispositions de l'article 97 alinéa 3 : « *Toute transaction directe ou indirecte sur un titre minier est soumis à l'approbation préalable du ministre chargé des Mines qui a un délai de quarante-cinq (45) jours pour se prononcer* ». La question se pose alors de savoir si cette exigence est une exigence solennelle sans laquelle le contrat n'est pas valable, ou une simple exigence probatoire, dont le non-respect n'influence pas la validité du contrat mais simplement sa preuve ? Pour la doctrine juridique, lorsque la loi exige l'accomplissement d'une formalité et que l'accomplissement de cette formalité est exigée « *à peine de nullité* » ou est assortie d'une sanction

---

[239] MANGUY (D.) et al, op. Cit. , pp 132

pénale, on comprendra que l'accomplissement de cette formalité est une exigence solennelle. A défaut, la doctrine refuse d'y voir une exigence validante et préfère une valeur probatoire puisque les contrats sont consensuels par principe. Malheureusement, le législateur n'a pas prévu de sanction en cas d'omission de soumission de la demande au Ministre pour approbation. Est-ce donc à dire que la formalité prévue à l'alinéa 3 de l'article 97 du Code Minier n'est pas une condition formelle mais plutôt une simple exigence probatoire ? A priori, on serait tenté d'y répondre par l'affirmative. Mais une telle affirmation à une pertinence relative. Car, il ne faut pas perdre de vue que la cession du titre minier est une convention qui porte sur un acte administratif. Face au silence d Code Minier et en attendant la promulgation futur du Décret d'application dudit Code, il faut se référer aux dispositions de l'article 9 alinéa 1 du Décret de 2002 qui dispose que : « *Toute transaction sur un droit relatif à un titre minier ne peut prendre effet qu'après approbation par le Ministre chargé des mines, et enregistrement de l'acte auprès du conservateur.* » De ce qui précède, il s'en suit que l'exigence poser par l'article 97 alinéa 3 du Code Minier est une exigence solennelle.

La cession de contrat soulève de très nombreuses questions de droit mais l'une d'entre elle, qui entretient une relation étroite avec le droit des sociétés, nous semble devoir être évoquée. Les législations minières prévoient le plus souvent que l'Etat a le droit de se voir octroyer une participation minoritaire, gratuite au capital de la société titulaire d'un titre minier d'exploitation[240]. Les objectifs d'une telle participation sont au nombre de quatre : permettre, en premier lieu, à l'Etat d'obtenir les informations destinées aux actionnaires de la société ; lui permettre, en deuxième lieu, d'être représenté au sein des organes d'administration (avec ou sans droit de vote) ou de direction de cette société ; en troisième lieu, lui réserver, lorsqu'une distribution devient possible, la part de dividende qui lui revient ; et, en quatrième et dernier lieu, lui permettre de réaliser une plus-value de cession d'un montant potentiellement important lorsque le droit minier répute cette participation cessible. Or, lorsqu'une cession de titre minier est mise en place, les revenus ne sont plus générés par le titulaire du titre d'exploitation mais bien par le cessionnaire auquel le cédant a transféré ses droits et obligations. Or, la délivrance du titre minier est une

---

240 Au Cameroun, l'Etat a droit à 15°/° du Capital social de la société minière. Ces actifs sont gérés par la SONAMINES pour le compte de l'Etat.

opération qui se fait en réalité intuitu personae. Par ailleurs, le contrat est un acte de prévision, l'Etat ne voudrait pas voir ses prévisions économiques faussées par la cession du titre minier à un tiers qui n'a pas forcément les mêmes capacités financières et techniques que le titulaire du droit minier à qui, il a initialement délivré le titre minier. Mais pour ne pas empêcher la circulation des titres miniers, l'Etat a décidé d'avoir un droit de regard sur l'opération de cession du titre minier. Toute chose qui a pour effet de permettre à l'Etat de maintenir la certitude de la réalisation de ces prévisions contractuelles. Quid des modalités ?

2. Les modalités de l'approbation de la cession du titre minier par le Ministre en Charge des Mines

Elles ont à la procédure d'obtention de l'approbation du Ministre en Charge des Mines et au délai requis pour l'approbation de la cession du titre minier. Quelles sont les modalités relatives à la procédure d'obtention de l'approbation du Ministre en charge des Mines ? Aux termes des dispositions de l'article 9 alinéa 2 du Décret de 2002 : « *La demande d'approbation de la transaction est rédigée conformément au formulaire fourni par l'administration des mines. Elle est déposée auprès du Ministre chargé des mines assortie d'un exposé des motifs explicitant clairement les motivations de la transaction, l'adresse et l'expérience minière du nouvel acquéreur, les bilans financiers des deux derniers exercices budgétaires.* » Si cette disposition a le mérite de la clarté, elle gagnerait davantage en intelligibilité, si dans le Décret d'application du Nouveau Code Minier, on mentionne que la présence de la convention de cession de titre minier. Car dans la rédaction de cette disposition pousse à penser que la cession de titre minier est une opération purement administrative et qui fait peu de place à la technique contractuelle. Or, ce n'est pas le cas, car en parlant même d'approbation, cela sous-entend que il y'a déjà un accord entre les parties que l'Administration doit valider ou pas. Quid Les modalités relatives au délai requis pour l'approbation de la cession du titre minier par le Ministre en charge des Mines ?

Aux termes des dispositions de l'article 9 alinéa 2 du Décret de 2002 : « *Le Ministre chargé des mines dispose de quarante-cinq (45) jours à compter de la date de dépôt pour notifier son approbation au requérant. Le silence de l'administration après ce délai vaut approbation.* » La lecture de cette disposition, nous enseigne que le

Ministre en Charge des Mines dispose d'un délai de quarante-cinq jours pour notifier son approbation au requérant. Et en cas de silence gardé par l'Administration à l'expiration du délai, le Ministre est réputée avoir acquiescé ladite transaction. Si cette solution a le mérite de la clarté car elle permet de lutter contre les lenteurs administratives, il semble que dans sa mise en œuvre ne va pas sans poser quelques difficultés juridiques qui sont certes des hypothèses d'écoles mais que rien n'exclut leur survenance dans la pratique. La première difficulté a trait au voie de recours offerte au requérant donc la demande d'approbation aurait été rejeté par l'Administration, le législateur est resté muet sur ce sujet. La question qui se pose est celle de savoir si le juge administratif, peut en cas de refus abusif du Ministre en Charge des Mines, se suppléer à ce dernier pour valider la transaction en ces lieux et place ? La doctrine est mitigée sur la question. Car, en donnant la possibilité au juge de se substituer à l'Administration, on viole le principe de la séparation des autorités administratives. La seule possibilité qui lui offerte à notre avis serait d'engager la responsabilité de l'administration en cas de refus abusif. La deuxième difficulté porte sur la durée du délai accordé à l'Administration qui nous semble très long. En effet, il ne faut pas oublier dans le monde des affaires, la célérité des transactions est une exigence majeure. Aussi nous trouvons que ce délai est long et qu'un délai de dix jours renouvelable une fois est suffisant.

B. L'enregistrement de la cession du titre minier auprès du Conservateur

L'enregistrement de la cession du titre minier auprès du Conservateur n'appelle pas de commentaire particulier car elle apparait dans la continuité de l'approbation de la transaction par le Ministre en charge des Mines. Le conservateur entérine juste la décision prise par son supérieur hiérarchique. Toutefois, il y'a une hypothèse d'école qui appelle une analyse. Il s'agit de l'hypothèse dans laquelle la cession du titre minier a été implicitement approuvée à la suite du silence gardée par l'Administration. La question qui se pose est celle de savoir si le Conservateur peut procéder à une inscription alors que le Ministre en charge des Mines n'a pas pris un acte ? Juridiquement, rien ne s'oppose à ce que le Conservateur procède à l'inscription matérielle de la cession dans le Registre des Titres miniers. Mais dans une hypothèse, il y'a tellement des considérations politiques qui font que le Conservateur s'abstiendra toujours à procéder à une inscription.

Quid des effets de la cession du titre minier ?

SECTION 2. LES EFFETS DE LA CESSION DU TITRE MINIER

La cession de titre minier a pour effet de transférer la propriété du droit minier **(Paragraphe 1)**, et crée des droits et obligations à la charge des parties **(Paragraphe 2)**.

Paragraphe 1. Le Transfert de propriété et des risques

L'analyse de la question du transfert de propriété **(A)** précèdera celle du transfert du risque **(B)**

A. Le transfert de propriété

Quel est le moment du transfert de propriété ? Quelles sont les manifestations du transfert de propriété ? Nous analyserons tour à tour le moment du transfert de propriété **(1)** d'une part et d'autre part l'étendue du transfert de propriété **(2).**

1. Le moment du transfert de propriété

Cette règle est commune à tous les contrats translatifs de propriété. Le transfert de propriété est un mécanisme fondamental du droit privé de tout système juridique, puisqu'il permet la circulation juridique des biens. Cependant, dans la cession du transfert de propriété, le transfert de propriété est suspendu à l'approbation de la convention par le Ministre des Mines. Ce n'est qu'à ce moment que le transfert de propriété s'opère le transfert de propriété.

2. Les manifestations du transfert de propriété

Le transfert de propriété se manifeste par l'établissement d'un titre minier au profit du cessionnaire. Et l'inscription de son droit minier dans le Registre des titres miniers.

B. Le transfert de risque

Outre le transfert des risques, dès la conclusion du contrat, le cédant perd les prérogatives de propriétaire. Le principe est que la charge des risques est liée à la propriété. Chaque fois que la propriété est transférée instantanément, par le seul effet du contrat, c'est sur l'acheteur que, normalement, pèsent les risques, dès la conclusion du contrat.

Paragraphe 2 obligations nés du contrat

La cession de titre minier crée des obligations tant à la charge du cédant **(A)** que du cessionnaire **(B).**

A. Les effets à l'égard du Cédant

Le cédant est tenu envers le cessionnaire d'une obligation de coopération **(1)** d'une part et d'autre part d'une obligation de bonne **(2).**

1. L'obligation de coopération

Quel est le sens de l'obligation de coopération dans la cession de titre minier ? Quels sont les éléments de la coopération dans la cession de titre minier ? L'analyse du sens de l'obligation de coopération dans la cession de titre minier d'une part précèdera des éléments de la coopération dans la cession de titre minier. Traditionnellement, la différence entre les intérêts respectifs des parties était perçue comme une source d'opposition parce qu'on estimait que la satisfaction attendue par l'une des parties dépendait de l'appauvrissement corrélatif de l'autre. Ce système de vases communicants auquel était soumise l'analyse du contrat est déroutant et inconciliable avec la nature réelle du contrat. Déroutante, cette façon d'appréhender le contrat avait fini par faire croire, au détriment de la coopération[241], que le contrat est fondamentalement conflictuel, qu'il réalise la rencontre de deux égoïsmes rivaux. Cette affirmation est assurément exagérée. Elle est certainement fondée sur une analyse des intérêts des parties considérés

---

[241] V. MESTRE (J.), « D'une exigence de bonne foi à un esprit de collaboration », *RTD civ.* 1986, p. 101 ; PICOD (Y.), « Le devoir de loyauté dans l'exécution du contrat », *JCP,* 1988, I, 3318 ; MORIN (G.), «Le devoir de coopération dans les contrats internationaux : droit et pratique», *DPCI*, 1980, T. 6 p. 9 et s; RIEG (A), J-Cl. civ., « art. 1134 et 1135, Effets obligatoires des conventions – exécution de bonne foi des conventions » ; JARVIN (S.), « L'obligation de coopérer de bonne foi ; exemples d'application au plan de l'arbitrage international », *in L'apport de la jurisprudence arbitrale*, Séminaire des 7 et 8 avril 1986, Publ. CCI Institut du droit et des pratiques des affaires internationales, p. 157 et s; Demogue, *Traité des obligations en général*, 7 Vol. 1923 à 1933, n° 29. Cité par DIESSE (F.), « Le devoir de coopération comme principe directeur du contrat », in, Archives de philosophie du Droit, N° 43, 1999, pp 260.

en dehors du contrat, parce que ces intérêts sont sans doute saisis avant la formation du contrat, et donc avant leur fédération ou leur transformation par l'accord de volontés des parties, ou sur une regrettable confusion entre le besoin de chacune des parties et le moyen de le satisfaire. Avant la formation du contrat, en effet, les intérêts des parties sont plus ou moins différents. Mais ces intérêts sont destinés à se transformer en quelque chose qui constitue pour chacune des parties son besoin principal et qui fait de ces intérêts, non pas le but à atteindre, mais le moyen d'atteindre ce but. La formation du contrat qui réalise cette transformation se fait, et ne peut se faire qu'à un moment où chaque partie incarne pour l'autre l'espoir, la confiance et la conviction d'obtenir la satisfaction recherchée[242], évidemment parce que leurs intérêts au départ comme à l'arrivée ne constituent plus que le moyen pour chaque partie d'atteindre son objectif, un objectif qui peut ne pas être connu de l'autre. Ainsi la différence entre les intérêts des parties n'est pas forcément une source de conflit ou d'opposition, elle peut être au contraire facteur de complémentarité. Par ailleurs, même lorsqu'il y a conflit, celui-ci ne transforme pas nécessairement l'une des parties en un loup pour l'autre. Ce conflit ne constitue le plus souvent que le mobile qui justifie le besoin de rapprochement des parties ou la recherche de protection juridique dont le contrat est sur le terrain juridique et économique l'un des moyens. Par rapport au contrat, «coopérer » c'est « agir conjointement avec » son partenaire[243]. Il s'agit de « participer à une œuvre commune », de « *collaborer* », de « *concourir* », de « contribuer » ou alors d'« aider » ou d'« assister » son cocontractant. Par conséquent, « promettre de coopérer, c'est accepter d'agir uni, c'est avouer que l'on se reconnaît lier par des intérêts communs ou convergents. Ce n'est donc pas, comme l'exige le droit commun de la loyauté, simplement s'obliger à ne pas nuire aux intérêts du partenaire. C'est plus encore s'obliger à prendre ses intérêts en compte, à les respecter et à agir en vue de leur développement »[244]. La coopération, dit J. Mestre, est « l'exigence…des attitudes, des comportements convergents au service d'un intérêt contractuel

[242] DIESSE (F.), op cit, note 6

[243] V. sentence *Klöckner et al. c. Cameroun* du 21 oct. 1983, *JDI* 1984, p. 409-454 v (extraits)

[244] MERCADAL (B.), « Les caractéristiques juridiques des contrats internationaux de coopération industrielle », *DPCI,* 1984, T. 10 n° 3, p. 319 cité par DIESSE (F.), op cit note 26.

commun»[245]. Cette coopération est donc susceptible de degré. Elle peut traduire une simple exigence de solidarité contractuelle ou aller jusqu'à fonder des rapports de « proximité » présentant un certain degré d'intimité.

Juridiquement, les éléments constitutifs d'une obligation s'entendent comme les données de base dont la réunion permet seule d'en reconnaître l'existence ou l'exécution Juridiquement, les éléments constitutifs d'une obligation s'entendent comme les données de base dont la réunion permet seule d'en reconnaître l'existence ou l'exécution. Ce sont les « *composantes essentielles* », les « *conditions nécessaires et suffisantes de son existence ou de son exécution* »[246] . A ce titre, on peut citer : le devoir de solidarité des cocontractants et la réciprocité de la coopération. S'agissant d'un élément caractéristique du devoir de coopération, la solidarité traduit l'idée d'un devoir moral d'assistance mutuelle, d'entraide entre les parties ou d'un devoir de participer à l'œuvre commune. Elle est également définie comme le devoir de tenir compte des intérêts du cocontractant ou de se mettre à sa place dans l'exécution des engagements souscrits ou dans l'exercice des droits nés du contrat. En tant que « Dépendance mutuelle, la solidarité suppose, ou assure, la prise en charge, par l'un, de tout ou partie des intérêts de l'autre, et par l'autre de tout ou partie des intérêts de l'un »[247]. Matériellement, elle se définit donc par l'entraide, la « *fraternité contractuelle* » et par l'interdépendance entre les parties. Cette solidarité peut résulter de la modification de l'environnement du contrat. La doctrine soutient que «... *le débiteur – au cas où des circonstances imprévues viennent modifier les conditions dans lesquelles le contrat doit s'exécuter – doit agir au mieux des intérêts du créancier et rendre compte à ce dernier de toutes les initiatives qu'il met en œuvre* »[248] . Ainsi, dans le cadre de la solidarité installée entre les parties par la coopération contractuelle, compte doit être tenu de la

---

245 DIESSE (F.), op cit note 27

246 Cf. *Vocabulaire juridique de l'association H. Capitant*, sous la direction de G. Cornu, PUF 1987, p. 299

247. REVET (Th.), « L'éthique des contrats en droit interne », *in L'éthique des affaires : de l'éthique de l'entrepreneur au droit des affaires*, Actes de colloque organisé les 4 & 5 juillet 1996 à Aix-en-Provence, Librairie de l'Université « Éthique et déontologie », 1997, p. 218, n° 14.

248 MAZEAUD et TUNC, *Traité théorique et pratique de la responsabilité civile*, Tome I, n° 704 et s.

situation réelle dans laquelle se déroulent les rapports entre celles-ci. De plus, chaque contractant doit participer à la satisfaction des besoins de l'autre, répondre à son attente légitime, si nécessaire en adoptant une attitude conciliante et bienveillante[249]. Se traduisant par des normes de moralisation et de correction du comportement des parties contractantes, la coopération contractuelle est forcément bilatérale. Cette réciprocité est soulignée par divers auteurs et admise par la jurisprudence tant au niveau général du devoir de coopération qu'en ce qui concerne toute exigence de comportement adéquate dans les transactions. Il a été ainsi jugé que le contrat de traduction comporte un devoir de coopération entre le traducteur et le client en raison de la réciprocité de leurs obligations implicites. En effet, le traducteur doit rendre compte à son client des difficultés rencontrées, tandis que ce dernier a un devoir de contrôle vis-à-vis de son cocontractant rencontrées, tandis que ce dernier a un devoir de contrôle vis-à-vis de son cocontractant[250]. Mutatis mutandis, le cédant doit tenir le cessionnaire des difficultés auxquelles il est confronté dans ses démarches pour obtenir l'approbation du Ministre en charge des Mines, condition solennelle de validité de la convention.

2. L'obligation de bonne foi

Nous étudierons tour à tour le sens de l'obligation de la bonne foi d'une part et d'autre part sa portée.

La cession du titre minier doit être exécutée de bonne foi. Cette exigence trouve son fondement dans l'article 1134 alinéa 3 du Code Civil[251] . L'article 1134 alinéa 3 se conjugue avec l'article 1135 du

---

[249] Toutefois, il est important que cette solidarité n'entraîne pas automatiquement une modification du contrat, ce qui de façon regrettable affecterait la sécurité des transactions, alors que le but est de soumettre le contrat aux exigences de la pratique des affaires et donc à l'indispensable coopération des contractants. Car, « toute transaction commerciale est fondée sur l'équilibre des prestations réciproques et que nier le principe reviendrait à faire du contrat commercial un contrat aléatoire, fondé sur la spéculation ou le hasard. C'est une règle de la *lex mercatoria* que les prestations restent équilibrées sur le plan financier… les contrats doivent s'interpréter de bonne foi, chaque partie ayant l'obligation d'avoir à l'égard de l'autre un comportement qui ne puisse lui nuire » (CCI, affaire n° 2291, 1976, *Clunet*, 1976, 989).

[250] Paris, 8e ch. Sect. A 28 novembre 1983, *Juris-data* n° 25847

[251] L'article 1134 du Code Civil dispose que les conventions légalement formées doivent être exécutées de bonne foi.

Code Civil qui dispose que le contrat comprend outre la lettre du contrat, « *Les suites, l'usage ou la loi donnent à l'obligation d'après sa nature* »[252]. Il en résulte une obligation de moralité qui incombe au cédant dans l'exécution du contrat. L'objectif est de contrôler le comportement du cédant[253] à travers une norme de comportement qui s'exprime à travers la logique de bonne foi ou de loyauté. Est de bonne foi celui qui n'agit pas de mauvaise foi, est loyal celui qui n'agit pas de manière déloyal[254].

Le recours à la bonne foi n'est cependant pas une panacée. L'article 1134 du Code Civil impose moins l'exécution de bonne foi, suggérant une norme hypothétique de comportement que la sanction de la mauvaise foi, de la déloyauté contractuelle. Quid des effets à l'égard du cessionnaire ?

B. Les obligations à l'égard du Cessionnaire

Les obligations du cessionnaire constituent la contrepartie de celles du cédant. Elles sont plus simples. Le cessionnaire est tenu de payer le prix de la cession du titre minier **(1)** d'une part et d'autre part il est tenu poursuivre l'exécution des obligations du titulaire initial du titre minier **(2).**

1. L'obligation de payer le prix de la cession du titre minier

Nous analyserons tour à tour le moment du paiement et le lieu du paiement. En principe, le paiement se fait au comptant, sauf règle légale, usage ou convention contraire. Lorsque le paiement est fait au comptant, le cessionnaire doit remettre les instruments du paiement au moment de la signature de la cession de titre minier. Il y a donc exécution simultanée des obligations du cédant et du cessionnaire. Le prix est parfois consigné, c'est-à-dire qu'au lieu d'être remis au cédant, il est déposé dans une caisse publique. Dans la pratique commerciale, il est courant que le prix soit différé et payable par fractions. Le lieu du paiement a pour intérêt principal de déterminer où le paiement est libératoire. Il permet aussi, dans les ventes internationales, de préciser la

---

[252] JACQUES (PH.), « Regards sur l'article 1135 du Code Civil », *Dalloz,* 2005, MOULY (C.), « L'article 1135 du Code Civil », *Litec,* 2005
[253] Cf. FAGES (B.), *Le comportement du cocontractant*, PUAM, 1997
[254] MANGUY (D.), *Droit des obligations,* Ellipses, 2008, pp 160.

monnaie de paiement ; par exemple, s'il doit être fait en France, le vendeur peut exiger qu'il soit effectué en euros. Lorsque la vente est au comptant et qu'il n'existe pas de stipulations sur ce point, le paiement du prix doit être fait au lieu où doit être effectuée la délivrance art. 1651), ce qui marque l'interdépendance entre les obligations du vendeur et de l'acheteur. La règle est dérogatoire au droit commun. Pour les autres ventes, la dette du prix est quérable, conformément à la règle générale, toujours avec l'exception qu'il n'y ait pas eu de clauses particulières sur ce point (art. 1247 civ)

2. Le transfert des droits et obligations du cédant vers le cessionnaire

La cession du titre minier emporte transfert des droits et obligations du cédant vers le cessionnaire. En effet, dans la cession de titre minier, le cédant cède au cessionnaire, sa position contractuelle qui celle de titulaire d'un droit minier. Le titre minier est confère à son titulaire, un ensemble de droits et d'obligations. Le principal effet de la cession du titre minier est d'emporter transmission de la position contractuelle du cédant, comme si « *un transfert des droits et obligations* » du cédant vers le cessionnaire s'est opéré du fait de cette transaction contractuelle. En toute hypothèse, il en résulte que ce n'est pas une nouvelle convention minière qui se forme entre le contractant cédé et le cessionnaire, mais bien la poursuite de la convention minière ou droit minier initial, avec toutes ses qualités et ses défauts : c'est la même transaction qui se poursuit.

CONCLUSION DU CHAPITRE DEUXIEME

In fine, force nous ait donné de constater que dans les contrats relatif au démarrage du projet minier, le seul échange des consentements entre les parties ne suffit pas à former le contrat. Même si les parties ont déjà passé un contrat, cet accord ne sera valable qu'après l'approbation du Ministre en charge des Mines. La question qui se pose est celle de savoir si l'acceptation de la transaction par le Ministre en charge des Mines est exigée ad validitatem ou ad probationnen. En effet, contrairement à la Convention minière, l'Etat n'est pas partie à la convention. Mais on ne saurait lui opposer le principe de l'effet relatif des conventions car cette transaction peut avoir des conséquences sur lui. Mais l'analyse des textes nous permet d'avancer que l'acceptation par le Ministre en Charge des Mines de la transaction est une condition de validité de la transaction car ce n'est qu'après cette acceptation que le Conservateur procédera à l'inscription de la transaction dans le Registre des Titres Miniers. D'ailleurs, dans le cadre de la cession de titre minier, cette acceptation donne souvent lieu à l'établissement d'un nouveau titre minier au profit du cessionnaire. Cela est d'autant plus vrai que le législateur a accordé un délai de quarante-cinq jours a été accordé au Ministre. Du point de vue économique, ce délai de réflexion accordé au Ministre peut paraitre long mais en réalité, ce délai de réflexion accordé à ce dernier se justifie par le fait qu'il dispose du temps nécessaire pour s'assurer sur les aptitudes et les attitudes du tiers à pouvoir effectuer les obligations qui découlent de la convention ou du titre minier.

CONCLUSION DU TITRE 2

La convention minière et le titre minier ne constituent pas seulement un lien juridique entre les personnes, mais ils sont aussi considérés comme une valeur économique. Les parties à l'exécution du contrat peuvent ne pas être les mêmes qui ont participées à la formation du contrat. C'est qu'on appelle dans la théorie juridique contractuelle, « la circulation des obligations » ou la « transmissions des obligations. En clair, cela signifie qu'une obligation peut être transmise à une autre partie que l'autre partie initiale. C'est évidemment une conception très économique du contrat et de l'obligation qui permet d'admettre cette solution. Si en effet, le titre minier est considéré comme un Acte administratif, de manière plus objective, il n'en demeure pas moins vrai que le titre minier est monétairement évaluable, c'est donc un bien, un élément du patrimoine, au sens des mécanismes du droit des biens. Ainsi considéré, le titre minier est un bien susceptible de faire l'objet d'une circulation. A travers l'analyse de l'amodiation et la cession de titre, deux contrats miniers consacrés par le Code Minier du 14 Décembre 2016, nous avons pu démontrer s'il en était en besoin, la place de choix réservée au droit des contrats voire à la technique contractuelle dans le secteur minier. Toute chose qui nous a permis d'apprécier la richesse des contrats d'affaires dans ce secteur. Même si chacun de ses deux contrats présentent des particularités qui leur sont propres. En effet, dans l'analyse de l'amodiation, on a plus découvrir l'audace et l'ingéniosité du législateur qui en s'inspirant de la possession, institution bien connu du droit des biens a fait de ce mécanisme, la clé de voûte du contrat d'amodiation. Dans le cadre de l'amodiation, le titulaire du droit minier n'entend pas transférer la propriété de son titre minier. Il veut juste accorder un droit d'usage voir un droit de possession du gisement à son contractant moyennant le paiement d'une redevance ou de tout autre mode de paiement convenu entre les parties. Il s'agit d'une réelle innovation qui nous vient du droit des contrats miniers mais dont les effets se ressentent sur l'ensemble de la théorie juridique des contrats spéciaux. La possession peut désormais servir de base ou de source d'inspiration dans l'élaboration du contrat. En outre, la cession du titre minier, qui s'inspire cette fois de la cession de créance du Code Civil, le cédant transfère la propriété de son titre minier au Cessionnaire. Il en ressort que dans ces deux contrats, la propriété et la possession occupent une place prépondérante car ce sont ces mécanismes que le législateur a mobilisé pour enrichir la technique contractuelle des contrats miniers. Toutefois, on peut juste regretter le fait que la définition de l'amodiation ne fait pas ressortir explicitement cette particularité. C'est la raison pour laquelle il serait de bon ton qu'un toilettage du Code Minier soit effectué pour amender la définition du concept d'amodiation et même de la cession de titre minier qui ne rendent pas fidèlement compte de la réalité que recouvre le concept. Par ailleurs, compte de ce que ces deux contrats sont des contrats nommés, il est souhaitable que l'intégralité de leur régime juridique soient clairement mentionné dans la loi. D'un point de vue légistique, il n'est pas très juste qu'un contrat soit prévu par la loi mais que le législateur n'en tire pas toutes les conséquences qui en découlent de ce choix législatif. En effet, pour connaitre le régime juridique de ces deux contrats, il faut recourir à l'interprétation des textes juridiques épars et s'appuyer sur la théorie juridique pour essayer de les cerner. Or tous ceux qui utilisent ces mécanismes ne sont pas toujours des experts du droit. Et, il est de bon aloi que pour des besoins d'intelligibilité de la règle de droit, les citoyens se trouvent dans l'impossibilité de savoir quel est le régime juridique et le champ d'application respectif de ces deux mécanismes.

CONCLUSION DE LA DEUXIEME PARTIE

La reconnaissance d'une appropriation privative du minerai par le législateur camerounais à travers le Code Minier a permis d'enrichir la théorie générale du droit des contrats spéciaux au Cameroun par l'adjonction d'une nouvelle catégorie des contrats spéciaux que sont les contrats miniers conclus sous l'emprise du droit privé. L'analyse des contrats miniers conclus sous l'emprise du droit privé nous permis d'apprécier la particularité du régime juridique de chaque catégorie de contrat dit « minier ». En effet, s'il fallait procéder à une classification de ces contrats, on opposerait les contrats miniers *solos consensus* aux contrats miniers solennels et réels. Dans la catégorie des contrats solo consensus c'est-à-dire qui se forment par le seul échange des consentements, on range le contrat de bornage et le contrat d'audit géologique. Par contre dans la catégorie de contrats solennels et réels ont y range tous les contrats d'amodiation et la cession de titre miniers. Cela se justifie par le fait que compte de l'importance des intérêts économiques et financiers qui sous-tendent les contrats miniers, l'Etat camerounais qui occupe la plupart du temps la position de débiteur cédé dans ces transactions a jugé de bon ton de faire de son consentement, une condition de validité de ces transactions. Ceci dans le but de garantir ces intérêts. Aussi toutes les opérations contractuelles qui portent sur un titre minier devront au préalable soumis au législateur à peine d'inefficacité.

CONCLUSION GENERALE

De l'avis de certains auteurs, il se dit que le Code Minier camerounais issue de la réforme du 16 Décembre 2016 qui a donné naissance à la loi n° 2016/017 du 14 Décembre 2016 est une véritable innovation. Car le législateur camerounais a voulu s'arrimer aux « *standards de la gouvernance extractive contemporaine* »[255]. En réformant la loi qui régit le secteur minier au Cameroun, le législateur camerounais a voulu repenser la conception et la philosophie des contrats miniers au Cameroun. C'est d'ailleurs cette antienne qui a motivé la présente réflexion. Quelle est le régime juridique des contrats miniers au Cameroun ? Telle est la question principale à laquelle nous avons voulu répondre tout au long de la présente réflexion. Nous sommes partie du postulat suivant lequel depuis l'abrogation de la loi du N° 2001/001 portant Code minier par la loi N° 2016/017 portant Code minier au Cameroun, les contrats conclus dans le secteur minier au Cameroun ont un double régime juridique. Car dès lors que les substances minérales peuvent être qualifiées à la fois de bien public, et de bien au sens privatiste du terme, les contrats miniers sont conclus soit sur le prisme du droit public ou alors sous le prisme du droit privé. C'est ce qui fait que l'on distingue les contrats miniers conclus sous l'égide des rapports publics d'avec les contrats miniers conclus sous l'égide des rapports privés. Dans l'analyse des conventions minières conclus sous le prisme du droit public, nous avons dans un premier temps analysé les conditions préalables requises pour conclure une convention minière. Pour conclure, une convention minière, il faut au préalable être titulaire d'un titre minier. Lorsqu'on a acquis un titre minier et que l'on a remplit les conditions du cahier de charge, on peut adresser un projet de convention par une invitation aux pourparlers à l'effet de conclure une convention minière. C'est un long processus qui emprunte beaucoup à la technique contractuelle civiliste comme le démontre les différentes phases du processus de négociation de la convention minière. Les pourparlers peuvent se solder par un échec ou par un succès de la négociation. Tout dépend des parties qui cherchent chacune à garantir au mieux leurs intérêts. La convention minière conclue entre l'Etat et le titulaire d'un Titre minier n'appelle pas de commentaires particuliers tant elle fait l'objet d'une littérature juridique

[255] LAMINE (D. H.). Le nouveau Code minier camerounais, au cœur des standards de la gouvernance extractive contemporaine. 2018. halshs-01664344v2

abondante. On peut juste regretter le fait que ces études font très peu de place à la technique juridique locale et c'est là tout l'intérêt de notre réflexion, qui a essayé d'analyser le processus à partir de la théorie juridique camerounaise. Ce qui nous a permis de mettre en lumière certains manquements qui sont de nature à bémoliser la volonté réformatrice du législateur camerounais. En effet, il y'a des réponses qui doivent être données par le Décret d'Application de la loi n° 2016/017 portant Code Minier. Mais malheureusement, cinq ans après l'adoption de la loi, Ce Décret d'Application est toujours attendu. Et on applique de manière arbitraire les dispositions des décrets d'Applications antérieurs. Dans la deuxième partie de notre analyse qui traitait des contrats miniers conclus sous l'emprise du droit, nous avons retenu quatre principaux contrats miniers : le contrat de bornage, le contrat d'audit géologique, l'amodiation et la cession de titre minier. Et nous nous sommes attelés tout au long de notre analyse, de ressortir les obligations caractéristiques de chacun de ces contrats miniers. Au regard des obligations caractéristiques des contrats miniers que nous avons mis en exergue, peut-on dire que les contrats miniers sont des contrats spéciaux ? La réponse à cette question peut paraitre simple mais elle n'est pas évidente. Pour l'interprète, il s'agit d'une question équivoque car elle peut vouloir dire une chose et son contraire : Dans un sens premier, elle peut nous amener à nous interroger sur la question de savoir si les contrats miniers peuvent être classés dans la catégorie des contrats spéciaux ? Dans un sens second, cette question peut sembler interroger ce qui fait la spécificité des contrats miniers, Sont-ils soumis au droit commun ou alors ont-ils un régime dérogatoire ? Compte tenu de ce que ses diverses interrogations constituent les sens possibles de cette interrogation, nous essayerons à notre manière d'apporter des éléments de réponse à ces questionnements inhérents à l'ambivalence de sens de notre interrogation. A la question de savoir si les contrats miniers peuvent être classés dans la catégorie des contrats spéciaux, nous y répondons par l'affirmative. En effet, la notion de contrat spécial est dominée par deux antinomies : entre les règles générales et les règles spéciales et entre les contrats nommés et les contrats innommés, antinomies qui expliquent les difficultés de la qualification. L'expression de « contrats spéciaux » est trompeuse[256] : Tous les contrats sont spéciaux et il n'existe pas de « contrat général ».

---

256 MALAURIE (Ph.), AYNÈS (L.), GAUTIER (P.-Y.), *Les contrats spéciaux*, 8e édition, Defrénois, 2016, p. 17

De même qu'en droit pénal toute infraction est spéciale : un abus de confiance, un faux, une banqueroute. Mais à tout contrat, s'appliquent plusieurs types de règles juridiques. Les unes sont générales, indifférentes à la catégorie à laquelle appartient le contrat : elles constituent la théorie générale des obligations contractuelles ; de même, le droit pénal général gouverne toutes les infractions quelle qu'en soit la qualification. D'autres règles dépendent de l'espèce à laquelle appartient le contrat : elles constituent le droit des contrats spéciaux. La théorie générale des obligations pose les règles communes à l'ensemble des contrats ; elle présente ainsi un tour abstrait, énonçant le régime applicable à tout contrat, quel qu'il soit. Un certain nombre de contrats sont spécialement organisés, soit par la loi, soit par les usages professionnels. Pour cette raison, on les appelle des « *contrats spéciaux* ». Au regard de ce qui précède, nous pouvons dire que les contrats miniers sont des contrats spéciaux car l'ensemble des contrats miniers sont nommés par une loi. A la deuxième interrogation qui est celle de savoir si tous les contrats miniers sont spéciaux ? Notre réponse à ce niveau est plus nuancée. En effet, quand on analyse les obligations caractéristiques des contrats miniers, on constate que le régime juridique de certains contrats miniers n'est qu'une simple transposition du régime d'autres contrats spéciaux. Ainsi, en est-il du contrat de bornage et d'audit géologique qui s'inspirent du régime juridique du contrat d'entreprise[257]. Par contre, l'analyse des obligations caractéristiques d'autres contrats miniers permet d'affirmer la spécificité du droit des contrats miniers car le régime juridique de ces contrats est bien distincts et se démarque assez clairement de celui autres contrats spéciaux connus. On peut dire que cette catégorie de contrats miniers a un régime juridique dérogatoire du droit commun[258]. La typologie des contrats miniers qui ont été analysés dans le cadre de la présente étude n'est pas limitative. Il existe d'autres types de contrats miniers que les contraintes de la méthodologie de la rédaction juridique[259] ne nous permettaient pas d'étudier dans le cadre de la présente analyse. C'est dire le terreau fertile que constitue le droit des contrats miniers au Cameroun car il soulève un certain nombre

---

[257] Sur la notion de contrat d'entreprise lire MALAURIE (Ph.), AYNES (L.), *Droit civil : Les contrats spéciaux,* 11ème édition, Editions Cujas, 1997

[258] C'est le cas du contrat d'amodiation et de la cession de titre minier.

[259] Sur ce point Boris (B.), « L'usage du plan en deux parties dans les facultés de droit françaises », *RTDciv,* 2015, pp 807-825

d'interrogations qui n'ont pas encore été épuisées par la doctrine juridique camerounaise. Dans le cadre de cette modeste étude, nous avons essayé de poser les jalons d'une théorie générale du droit des contrats miniers au Cameroun. Et nous espérons avoir fait œuvre utile à l'endroit de ceux qui s'intéressent à la question à quelque titre que ce soit. A l'heure où les contrats miniers qualifiés sous d'autres cieux de contrats extractifs, il est de bon ton d'essayer de cerner cette question à l'aune de nos propres concepts, de notre théorie juridique afin de pouvoir secréter un droit qui serait le reflet de notre société. On ne saurait conclure cette réflexion, sans attirer l'attention des décideurs politiques qui donnent parfois l'impression de ne pas être au fait des réalités contemporaines. Nous vivons dans un environnement caractérisé par une concurrence entre les systèmes juridiques, cette concurrence est parfois « verticale »[260], parfois elle est « horizontale »[261]. L'un des buts poursuivis par le Code Minier de 2016 est de doter le Cameroun d'un droit des contrats miniers très attractifs pour les investisseurs. Cependant, nous relevons pour le déplorer que le régime juridique de certains contrats miniers pourtant bien prévus dans le Code est imparfait. Et il semblerait que c'est au Décret d'Application dudit Code que cette mission aurait été dévolue. Mais malheureusement, plus de cinq ans après l'adoption du Code Minier, ce décret d'Application n'a pas encore été publié. Ce qui a pour effet de créer un climat d'insécurité juridique et judiciaire pour les cocontractants qui ne maitriseront pas clairement le régime juridique de certains contrats miniers.

---

[260] Sur le sens de cette expression lire JEAN DU BOIS (De GAUDUSSON), Frédérique (FERRAND), *La concurrence des systèmes juridiques, Actes du Colloque de Lyon,* 2006, PUAM

[261] Ibid.

BIBLIOGRAPHIE SELECTIVE

I. OUVRAGES GENERAUX

✓ ACCAOUI LORFING (Pascale), *La renégociation des contrats internationaux*, Edition BRUYLANT, 2011, 451 pages.
✓ AUBERT (Jean-Luc), SAVAUX (Éric), *Introduction au Droit et thèmes fondamentaux du droit civil*, Edition Sirey, 14ème édition,
✓ AZIBER SEID (Algadi), *Contrats et droit OHADA des procédures collectives,* Editions L'Harmattan Cameroun, 2009, 361pages.
✓ BENABENT (Alain), *Droit civil : Les obligations*, 4ème édition, Montchrestien, 1994, 474 pages
✓ Boris (BARRAUD), « L'usage du plan en deux parties dans les facultés de droit françaises », *RTDciv,* 2015, pp 807-825
✓ CORNU (G.), *Droit civil : introduction. Les personnes, les biens,* Montchrestien, 8ème édition, 1997, 586 pages.
✓ DEROUSSIN (David), *Histoire du droit des obligations,* éditions Economica, 2012, 919 pages.
✓ DUPUIS (Georges), GUEDON (Marie-José), CHRETIEN (Patrice), *Droit administratif*, 10ème édition, 2007, 708 pages.
✓ FOMETEU (J.), BRIAND (Ph.), METANGMO-TATOU (dir), *La langue et le droit, L'Harmattan Cameroun, Septembre 2018*
✓ FRANCOIS (CHABAS), *Leçons de droit civil : Obligations théorie générale*, 8ème édition Montchrestien, 1991, 1355 pages.
✓ FRIER (Pierre-Laurent), PETIT (Jacques), *Droit administratif, 12ème édition, Précis Domat,* 2018-2019, 971 pages.
✓ GHESTIN (Jacques), LOISEAU (Grégoire), SERINET (Yves-Marie), Traité de droit civil, *La formation du contrat*, L.G.D.J, 2013, 1526 pages.
✓ Henri (Mazeaud), Léon (Mazeaud), Jean (Mazeaud) et François (Chabas), Leçons de droit civil, Sûretés, publicité foncière, Tome III, 1er Volume, Editions Montchrestien, 647 pages.
✓ HOUTCIEFF (Dimitri), *Droit des contrats,* Collection Paradigme, 1ère édition, 2015, 511 pages.
✓ JEAN DU BOIS (De GAUDUSSON), Frédérique (FERRAND), *La concurrence des systèmes juridiques, Actes du Colloque de Lyon,* 2006, PUAM
✓ JULIENNE (Maxime), *Le nantissement de créance*, Editions Economica, 2012, 509 pages.

✓ KROLIK (Christophe), MOUMOUNI (Charles) (dir.), *La transparence des industries extractives en Afrique*, *Presses Universitaires du Québec*, 2021, 476 pages.
✓ LABARTHE (F.), *La notion de document contractuel*, L.G.D.J, 1994
✓ LAIDI (ALI), *Le droit, nouvelle arme de guerre économique : Comment les Etats-Unis déstabilisent les entreprises européennes*, Actes du Sud, 2019, 288 pages.
✓ LAURIOL (Thierry), RAYNAUD (Emilie), *Le droit pétrolier et minier en Afrique*, L.G.D.J., 2016, 588 pages.
✓ MALAURIE (Ph.), AYNES (L.), *Droit civil : Les biens, la publicité foncière*, Editions Cujas, 1994/1995, 408 pages.
✓ MALAURIE (Ph.), AYNES (L.), STOFFEL-MUNCK (Phillipe), *Droit civil : Droit des obligations,* 8ème édition, L.G.D.J., 2016, 1254 pages.
✓ MARTY (Gabriel), RAYNAUD (Pierre), *Droit civil : Les sûretés, la publicité foncière*, Tome II, Volume 1, 1971, 510 pages.
✓ MOUSSERON (Jean-Marc), *Technique contractuelle*, éditions Francis Lefebvre, 2ème édition, 1999, 792 pages.
✓ PEDAMON (Michel), KENFACK (Hugues), *Droit commercial*, Dalloz, 2015, 883 pages
✓ ROCHFELD (Judith), *Les grandes notions du droit privé,* Thémis Droit, Presses Universitaires de France, 2011, 549 pages.
✓ TERRE (F.), SIMLER (Ph.), LEQUETTE (Y.), *Droit civil : Les obligations,* Précis Dalloz, 1993, 1070 pages
✓ THIBIERGE (Louis), Le contrat face à l'imprévu, in, *Economica,* 2011, 544 pages
✓ WAKED JABER (Rita), *Le contrat administratif international,* L.G.D.J, 2013, 630 pages.

II. OUVRAGES SPECIAUX

✓ AUBY (Jean-Marie), BON (Pierre), AUBY (Jean-Bertrand), *Droit administratif des biens*, *Dalloz, 7ème édition*, 2016, 3644 pages.
✓ BENABENT (Alain), *Droit des contrats spéciaux civils et commerciaux, L.G.D.J,* 14ème édition, 2021, 679 pages.
✓ BOIVIN (J.P), LAVAIRE (C.), Carrières et granulats, *Traité Pratique du droit des carrières, création et fonctionnement des installations, prévention et gestions des risques,* Collection Analyse juridique, édition du Moniteur, Paris 2008

✓ BOIVIN (J-P.), *Pratique du contentieux des installations classées et des carrières*, Edition le Moniteur, Paris, 2000
✓ BOUSTANI (Diane), *L'essentiel du droit des contrats spéciaux*, Editions Gualino, 2020-2021, 2ème édition, 159 pages.
✓ COLLARD-DUTILLEUL (François), DELEBECQUE (Philip), *Contrats civils et commerciaux*, *Dalloz,* 11ème édition, 2019, 1144 pages.
✓ DALEMONT (E.), *L'industrie du pétrole*, PUF, 1980
✓ EBANG MVE (Urbain Noël), *L'encadrement juridique de l'exploitation minière au Cameroun*, L'HARMATTAN CAMEROUN, 15 Octobre 2015, 442 pages.
✓ HUET (Jérôme), *Traité de droit civil : Les principaux contrats spéciaux*, L.G.D.J., 1996, 1544 pages
✓ HUET, DECOCQ, GRIMALDI et LECUYER, Les principaux contrats spéciaux, LGDJ, 3e éd. 2012
✓ LECLERC, Droit des contrats spéciaux, LGDJ, 2e éd. 2012
✓ MAINGUY, Contrats spéciaux, Dalloz, 11e éd. 2018.
✓ MALAURIE (Ph.), AYNÈS (L.), GAUTIER (P.-Y.), *Les contrats spéciaux*, 8e édition, Defrénois, 2016
✓ MALAURIE (Philip), AYNES (Laurent) et STOFFEL-MUNCK (Philip), *Droit des obligations, L.G.D.J,* 8ème Edition, 2016, 1254 pages.
✓ MALAURIE (Phillip), AYNES (Laurent), *Droit civil : Les contrats spéciaux,* 11ème édition, Editions Cujas, 1997, 683 pages.
✓ MALAURIE (Phillip), AYNES (Laurent), *Droit civil : Les contrats spéciaux,* 6ème édition, Editions Cujas, 1995, 683 pages.
✓ MOUSSERON (J.-M.), GUIBAL (M.), MAINGUY (D.), *L'avant-contrat*, éditions Lefebvre, 2001.
✓ RAYNARD et SEUBE, Contrats spéciaux, LexisNexis, 10e éd. 2019.
✓ RENAULT-BRAHINSKY (Corinne), *Droit des obligations,* Collection *Gualino*, 2019, 258 pages.
✓ STARCK (Boris), ROLAND (Henri), BOYER (Laurent), Obligations : Le contrat, 5ème édition, Editions Litec, 1995, 856 pages
✓ Terré (F.), SIMLER (P.) et LEQUETTE (Y.), *Droit civil. Les obligations,* Paris, Dalloz, «Précis», 2005 (9e éd.)
✓ TERRE (François), SIMLER (Philipe), *Droit civil, Les Biens*, Dalloz, 9e édition, 870 pages.

III. THESES, MEMOIRES ET MONOGRAPHIES

- ✓ Alain (LAGADEC), De l'interprétation des clauses contractuelles à la qualification du contrat, Thèse de doctorat, Université de Toulon, 2017, 228 pages
- ✓ Amandine (BOUVIER), Regards sur le contrat de franchise, Thèse de doctorat, Université de Montpellier, 2015, 557 pages.
- ✓ DAVANTURE (Sandrine), Les limites de l'application du droit sur les ressources naturelles : Le Cas des territoires palestiniens et du Sahara Occidental, Mémoire de Maîtrise en droit international, Avril 2006, 138 pages.
- ✓ DESPRAIRIES (Armand), La décision implicite d'acceptation en droit administratif français. Droit. Université Panthéon-Sorbonne - Paris I, 2019.
- ✓ François (Terré), *L'influence de la volonté individuelle sur les qualifications*, coll. «Bibliothèque de droit privé », Paris, L.G.D.J
- ✓ GOUBINAT (Marine), Les principes directeurs du droit des contrats, Université de droit, Université Grenoble Alpes, 2016, 428 pages.
- ✓ JANNETH MILENA (Pacheco Baquero), Propriété de l'État et exploitation des ressources naturelles non-renouvelables en Colombie. Thèse de doctorat en Droit, Université de Bordeaux, 2018, 411 pages.
- ✓ KAMENI (G.M.), La vie privée en droit camerounais, Thèse de doctorat en cotutelle, Université de Douala et de Toulouse, 2013, 660 pages.
- ✓ MELONE (Stanislas), La parenté et la terre dans la stratégie de développement : L'exemple du Sud Cameroun, Thèse de doctorat, Université de Paris Panthéon-Sorbonne, 1968, 309 pages.
- ✓ MIMBANG (Lucie Zouya), L'exploitation minière dans l'Est Cameroun de 1934 à 1952. Aperçu historique, Mémoire de Maîtrise d'histoire, Université de Yaoundé, 1983, p. 56
- ✓ MOHAMADOU FALLOU (Mbodji), La nature juridique des titres miniers dans l'espace OHADA, Thèse de doctorat, Université d'Aix-en-Provence, 2018.
- ✓ Nicolas (GRAS), Essai sur les clauses contractuelles, Thèse de Doctorat, Université d'Auvergne - Clermont-Ferrand I, 2014,650 pages.

- ✓ Nicolas (VOLPI), La régulation du secteur agroalimentaire par le contrat. Vers un droit agroalimentaire des contrats, Thèse de Doctorat, Université Côte d'Azur, 2019,680 pages.
- ✓ WIENER (Céline), « La motivation des décisions administratives en droit comparé », in, *RIDC,* 1969, numéro 21, Volume 4, pp 779-795
- ✓ ZAMBO ZAMBO (Dominique Junior), Le droit applicable au Cameroun : Essai sur les conflits de lois dans le temps et dans l'espace, Thèse de doctorat, Université de Yaoundé II, 2009, 617 pages
- ✓ ZOCK ATARA à NGONO Joseph Stella Françis, Les contrats internationaux du Cameroun, Thèse de doctorat, Université PARIS-SUD, 2008, 400 pages

IV. ARTICLES, ETUDES ET CHRONIQUES

- ✓ BAUDOT (Pierre-Yves), « L'invention des délais : Pourquoi l'administration doit-elle répondre dans les temps ? », in, *Politiques sociales et familiales,* n° 119, 2015, pp 5-18.

- ✓ BERGEL (Jean-Louis), « La sécurité juridique », in, *Revue du Notariat,* Volume 110, numéro 2, 2008, pp 271-285.
- ✓ BLANC-JOUVAN (Xavier), « Les travaux de l'Académie des privatistes européens et le Code européen des contrats », In, *Revue internationale de droit comparé*, Vol. 61 N°1,2009. pp. 187-191
- ✓ CHAZAL (Jean Pascal), « Réflexions épistémologiques sur le droit commun et les droits spéciaux ». Albigès Christophe, Artz Jean-François, Badenas Carpio Juan Manuel. Études de droit de la consommation: liber Amicorum Jean Calais-Auloy, Dalloz, pp.280-, 2003

- ✓ COPPENS (Philip), « La fonction du droit dans une économie globalisée, in, *Revue internationale de droit économique,* 2012, Volume 3, pp 269-274.

- ✓ CROCQ (Pierre), « Vers un abandon de la conception subjective en matière de publicité foncière ? », *RTDciv. : Revue trimestrielle de droit civil*, Dalloz, 2011, pp.158

- ✓ DEGUERGUE (M.), « Le silence de l'Administration en droit administratif
français », *Les Cahiers de droit*, 2015, Volume *56 n°* 3-4, 389–410.

✓ FRECHETTE (Pascal), « La qualification des contrats : aspects théoriques. », *Les Cahiers de droit*, Volume 51, numéro 1, pp 117–158. https://doi.org/10.7202/044138ar,

✓ GAUCHE (Sylvain), « La formation du droit minier français : l'exemple du Dauphine (XIVème – début XIXème siècle) », in, *Revue historique de droit français et étranger,* Vol. 81, N° 1, Janvier-Mars 2003, 75-89.

✓ GAUDEMET (Yves), « L'avenir du droit des propriétés publiques », *Mélanges Terré, 1999,* p. 577

✓ GERARD (CORNU), « Les définitions dans la loi », in, Mélanges en l'honneur de Jean-Vincent, *Dalloz*, 1981.

✓ GERARD (Cornu), « Les définitions dans la loi », Mélanges dédiés au doyen Jean Vincent, Dalloz, 1981, 16 pages.

✓ GUILBAULT (M.-É). et TRUDEAU (H.), « Le nouveau cadre juridique de la restauration des sites miniers au Québec », *Revue du notariat*, 2013, *115*(3), pp 371–423

✓ JACQUES (Ph.), « Regards sur l'article 1135 du Code Civil », *Dalloz,* 2005,

✓ JAMIN (Ch.), « Révision et intangibilité du contrat ou la double philosophie de l'article 1134 du Code Civil », in, *Que reste-il de l'intangibilité du contrat, Dr. Et patr. 1998, 1998/4,*

✓ KAMTO (Maurice), « La notion de contrat d'Etat : Une contribution au débat », in, *Revue de l'arbitrage*, 2003, N°3, p. 719-751.

✓ KAUFMANN-KOHLER (Gabriel), « L'arbitrage d'investissement : entre contrat et traité-entre intérêts publics », inédit

✓ KENFACK (Pierre-Etienne), « La gestion de la pluralité des systèmes juridiques par les Etats de l'Afrique noire : Les enseignements de l'expérience camerounaise », in, *Cahiers de la recherche sur les droits fondamentaux,* n° 7, 2009, pp 153-160.

✓ KOHL (Benoit), « Le droit européen des contrats et le secteur de l'immobilier », *Journal de droit européen,* Octobre 2011, N°182, 19ème Année, PP 243 s.

✓ LACASSE (J.-P.), « L'appropriation Privée Des Ressources Minérales en Amérique Du Nord », *Revue générale de droit*, 1976, Volume 7, numéro 1, 89–90.

✓ LAMINE DEFOUKOUEMOU (Himbé), « Le nouveau Code minier camerounais, au cœur des standards de la gouvernance extractive contemporaine », in, halshs-01664344 2018, 12 pp.

✓ LAPOINTE (U.), « L'héritage du principe de *free mining* au Québec et au Canada », *Recherches amérindiennes au Québec*, 2010, Volume *40*, numéro 3, pp 9–25.

✓ LARIVIERE, (L.), « Comment formuler une définition terminologique », *Meta*, 1996, Volume 41, numéro 3, pp 405–418

✓ LAVALLIERE BETGA-DJENKWE (Noël), « Les techniques de défense des chefferies bamiléké de l'Ouest-Cameroun, du XVIe au début XXème siècle », e-Phaîtos (disponible sur www.google.fr consulté le 12 Janvier 2022)

✓ LEBEL (Louis), « La loi et le droit : la nature de la fonction créatrice du jugedans le système de droit québécois. », *Les Cahiers de droit*, 2015, *56* (1), pp 85–96

✓ LHUILIER (Gilles), « Les « revues critiques » des contrats extractifs comme outils de transparence », in, *La transparence des industries extractives en Afrique*, *Presses Universitaires du Québec*, 2021, pp 207-235.

✓ MEMOLI-AUBRY (Crécence), « Le MBAM dans la seconde Guerre Mondiale : Contribution d'une région administrative du Cameroun à l'effort de guerre français », in, *Outre-mer*, Tome 96, n° 362-363, 1er Semestre, 2009, pp 241-266.

✓ AKONO MINLO (Ruben), « La protection juridique des communautés dans la législation minière applicable au Cameroun : Entre réalités et incertitudes », in, *Cahiers juridiques et politiques, Revue de la Faculté des Sciences Juridiques et Politiques,* 2016, N°1, PP 7-30.

✓ AKONO MINLO (Ruben), « Réflexions sur les droits de l'exploitant des mines en droit camerounais », in, *Revue de L'ERSUMA, N°4,* Septembre 2014,

✓ AKONO MINLO (Ruben), « La réforme de la législation minière au Cameroun », in, *Mosaïque, 2013*, pp 117.

✓ MOOR (Pierre), « Le droit et ses limites : le juridique et le non-juridique », in, Springer, Octobre 2020, pp 1-24.

✓ MOULY (C.), « L'article 1135 du Code Civil », in, Litec, 2005

✓ OTIS (Ghislain), « Les droits ancestraux des peuples autochtones au Carrefour du droit public et du droit privé : Le cas de l'industrie extractive », in, *Les Cahiers de droit,* Numéro 60, Volume 2, pp 451-490

✓ PERRIN (Jean-François), « Comment le juge suisse détermine-t-il les notions juridiques à contenu variable ? (quelques réflexions concernant la dogmatique et la pratique judiciaire de l'article 4 du Code civil suisse) », Genève : CETEL, 1982

✓ PFISTER (Laurent), « Domaine, propriété, droit de propriété. Notes sur l'évolution du vocabulaire du droit français des biens », *Revue générale de droit*, 2008, *38* (2), 303–338

✓ PICOD (Y.), « Le devoir de coopération dans l'exécution des contrats », *JCP,* 1998, I.3318

✓ PIETTRE (André), « La place de l'économie contractuelle dans l'économie française », in, *Economie rurale,* N°60, 1964, pp 3-8

✓ POULIQUEN (Christelle), « Le rôle de la volonté en matière de qualification des contrats », in, *Revue Juridique de l'Ouest,* 2000, volume 4, pp 409-439

✓ POULIQUEN (Christelle), « Le rôle de la volonté en matière de qualification des contrats », In: *Revue juridique de l'Ouest*, 2000-4. pp. 409-439

✓ REVET (Th.), « L'éthique des contrats en droit interne », *in L'éthique des affaires : de l'éthique de l'entrepreneur au droit des affaires*, Actes de colloque organisé les 4 & 5 juillet 1996 à Aix-en-Provence, Librairie de l'Université « Éthique et déontologie », 1997

✓ Rolland (Louise), « Sur les notions juridiques indéterminées. Les tiers en droit privé québécois, ces étranges étrangers », *Revue générale de droit*, 2005, Volume *35*, numéro 4, pp 533–551.

✓ SORBARA (Jean-Gabriel), « Le silence de l'administration », *R.D.P.*2012.1078

- ✓ VERGARA BLANCO (Alejandro), « Le problème de la nature juridique de la richesse minérale », in, *Revue internationale de droit comparé*, Vol. 64, N°1, 2012, pp 169-211.
- ✓ VERGARA BLANCO Alejandro. Le problème de la nature juridique de la richesse minérale. In: Revue internationale de droit comparé. Vol. 64 N°1,2012. pp. 169-211
- ✓ VOTAVA (CARI L.), HAUCH (Jeanne M.) et CLEMENTUCCI (Francesco), « Mesures des diligences raisonnables pour garantir l'intégrité des attributions de licences dans les industries extractives », Groupe de la Banque Mondiale, 2019, 175 pages.
- ✓ VUGNAT (Marc), « Géologie et rentabilité des gites minéraux », in, *Revue genevoise de géographie, tome 102, 1962, pp. 33-47.*
- ✓ WEIL (Prosper), « Les clauses de stabilisation ou d'intangibilité insérées dans les Accords de développement économiques », inédit (disponible sur www.google.fr page consultée le 18 Mars 2022)
- ✓ WEIL (Prosper), « Problèmes relatifs aux contrats passés entre un Etat et un particulier », *RCADI,* 1969.104
- ✓ WORTLEY (B.A.), « Le « trust » et ses applications modernes en droit anglais. », In: Revue internationale de droit comparé. Vol. 14 N°4, Octobre-décembre 1962. pp. 699-710
- ✓ ZOUHAL (Adra), Réforme du droit des obligations : les négociations précontractuelles. In: Revue juridique de l'Ouest, 2016-3. pp.51-66;doi : https://doi.org/10.3406/juro.2016.4878https://www.persee.fr/doc/juro_0990-1027_2016_num_29_3_4878
- ✓ MBOUMBA-MBOUMBA (P.), « L'influence du système juridique français sur la conception congolaise des droits miniers usuels en matière d'exploration et d'exploitation pétrolière », *Penant*, Revue de droit des pays de l'Afrique, Mai-Août 1997, n°824
- ✓ LEVY (D.), Evolution et problèmes actuels du droit minier, *Revue du Droit public et de la Science politique en France et à l'Etranger,* 98ème année, 1982, p. 5-6.

V. NOTES, CONCLUSIONS, RAPPORTS ET OBSERVATIONS

✓ ITIE, Contrats miniers : Comment les lire et les comprendre

✓ Le plan d'action pour la mise en œuvre de la Vision minière pour l'Afrique, adopté par la deuxième Conférence de l'Union africaine des ministres en charge du développement des ressources minières qui s'est tenue à Addis-Abeba en décembre 2011

✓ Le guide de l'OCDE sur le devoir de diligence pour des chaînes d'approvisionnement responsables en minerais provenant de zones de conflit ou à haut risque, qui présente des recommandations détaillées afin d'aider les entreprises à respecter les droits de l'homme et à éviter de financer des conflits par leurs pratiques d'approvisionnement

✓ CAMPBELL (Boni), Responsabilité sociale des entreprises dans le secteur minier : Quelles sont les normes applicables ?, Rapport de recherche, 2012, 17 pages

✓ GRZYBOWSKI (Alex), *Guide pratique pour la prévention et la gestion des conflits liées à la terre et aux ressources naturelles : Industries extractives et conflits*, Groupe interagences des Nations Unies pour les actions préventives, 2012, 52 pages.

✓ Forum intergouvernemental sur l'exploitation minière les minéraux, les métaux et le développement durable, *Guide pour les gouvernements :* Juillet 2018, 113 pages.

✓ SEGALEN (P.), « Les sols et la géomorphologie du Cameroun », Services Scientifiques Centraux de l'ORSTOM

✓ ENO BELINGA (S.M), « Géologie et recherche minière des deux ADAMAOUA sous le Cameroun allemand, une bonne page de notre histoire », inédit

✓ Association Henri Capitant, *Offre de réforme du droit des contrats spéciaux,* Rapport, 2020, 73 pages.

✓ MINDMIDT, Annuaire statistique 2017 du sous-secteur Mines, Industrie et développement technologique, 80 pages.

✓ MINDMIDT, Guide de l'usager, 2016, 181 pages.

✓ Association Henri Capitant, *Tiers et biens,* Rapport turc, Journées Panaméennes, 18-22 Mai 2015, 12 pages.

✓ LAMETHE (D.), MORETEAU (O.), « L'interprétation des textes juridiques rédigés dans plus d'une langue », in, *Revue internationale de droit comparé, Vol. 58, N°2,* 2006, pp 327-362.

✓ HOSTIOU (René), la patrimonialité des actes administratifs et la Convention européenne des droits de l'homme, RFDA 2009

✓ BESADA (H.), MARTIN (Ph.), Rapport de recherche, Les Codes Miniers en Afrique : la montée d'une quatrième génération, INS, Mai, 2013

VI. JURISPRUDENCE

- ✓ l'affaire. *Kikiqtani Inuit Association* v. *Baffinland Iron Mines Corporation,* [2018].2.C.N.L.R.151, .par.174-180. (T.A.).
- ✓ civ. 3e, 14 Mars 1968 (D. 1968.425, note MAZEAUD (J.), J.CP 1968.II. 15536, note Bulté
- ✓ Antoine Goetz and others v. Republic of Burundi, ICSID Case No. ARB/95/3, February 10, 1999, 15 ICSID Rev. 457 (2000).
- ✓ sentence *Klöckner et al. c. Cameroun* du 21 oct. 1983, *JDI* 1984, p. 409-454 sentence *Klöckner et al. c. Cameroun* du 21 oct. 1983, *JDI* 1984, p. 409-454

VII. LEGISLATION

A. LEGISLATION NATIONALE

1. Conventions et traités

- ✓ Convention de Viennes sur la vente de 1980 des marchandises internationales

2. Lois

✓ Loi n°64/LF/3 du 6 Avril 1964 portant régime des substances minérales de la République Fédérale du Cameroun

✓ Loi n° 76/25 du 14 Décembre 1976 portant organisation cadastrale

✓ Loi n° 78/24 du 29 décembre 1978 fixant l'assiette, les taux et mode de recouvrement des droits fixes, redevances et taxes minières.

- ✓ Loi n°2001/001 du 16 Avril 2001 portant Code Minier de la République du Cameroun
- ✓ Loi n°2002/004 du 19 Avril 2002 portant Charte des Investissements en République du Cameroun
- ✓ Loi n°2006/012 du 29 Décembre 2006 portant le régime général des contrats de partenariat
- ✓ Loi n° 2008/009 du 16 juillet 2008 fixant le régime fiscal, financier et comptable applicable aux contrats de partenariat.
- ✓ Loi n° 2015/018 du 21 Décembre 2015 régissant l'activité commerciale au Cameroun
- ✓ Loi n° 2016/017 du 14 Décembre 2016 portant Code Minier au Cameroun
- ✓ Loi n° 2006/022 du 29 Décembre fixant l'organisation et le fonctionnement des Tribunaux Administratifs
- ✓ Loi n°90/039 du 10 Août 1990 relative à l'exercice et à l'organisation de la profession de géomètre

3. Décrets, Arrêtés, Circulaires et instructions

- ✓ Arrêté N° 002328/MINMIDT/SG/DG/DAJ du 07 Avril 2014 fixant les modalités d'élaboration et de présentation des Rapports techniques des travaux de recherches géologiques et minières
- ✓ Décret n° 2020 /749 du 14 décembre 2020 portant création de la Société Nationale des Mines
- ✓ Décret n° 2020 /750 du 14 décembre 2020 portant approbation des statuts de la Société Nationale des Mines
- ✓ Décret n° 2012/432 du 01 Octobre 2012 portant Organisation du Ministère des Mines, de l'Industrie et du Développement technologique
- ✓ Décret n° 2009/011 de la 13/01/2009 portant nomination du Président du Conseil d'Appui à la Réalisation des Contrats de Partenariat
- ✓ Décret n° 2008/0115/PM du 24 janvier 2008 précisant les modalités d'application de la loi n° 2006/012 du 29 décembre 2006 fixant le régime général des contrats de partenariat.
- ✓ Décret n° 2008/035 du 23 janvier 2008 portant organisation et fonctionnement du Conseil d'Appui à la Réalisation de Contrats de Partenariat.
- ✓ Décret N° 2002/648/PM du 26 Mars 2002 fixant les modalités d'application de la loi N°001 du 16 Avril 2001 portant Code Minier

✓ Arrêté n° 069/CAB/PM du 03 mars 2009 constatant la composition du Comité d'Orientation du Conseil d'Appui à la Réalisation des Contrat de Partenariat

✓ Décret n°79-97 du 21 Mars 1979 fixant la composition de la Commission administrative de délimitation cadastrale et les modalités de son fonctionnement

✓ Instruction n° 003 CAB/PM du 24 Janvier 2001 relative à la rationalisation et délais de procédure de traitements de dossiers dans les services

✓ Instruction n°003/CAB/PM du 24 Janvier 2001 relative à la rationalisation des délais et procédures de traitements des dossiers dans les services publics

4. SOFT LAW

✓ La déclaration d'Addis-Abeba sur l'exploitation et la gestion des ressources minérales de l'Afrique, adoptée en Octobre 2008 par la Première Conférence de l'Union Africaine des Ministres en charge du développement des ressources minières

✓ La déclaration de Lusaka du sommet spécial de la CIRGL sur la lutte contre l'exploitation illégale des ressources naturelles dans la région des Grands Lacs du 15 décembre 2010

✓ La Déclaration des Nations unies sur les droits des peuples autochtones de 2007 de l'ONU

✓ La norme internationale de transparence ITIE, en vertu de laquelle les gouvernements sont tenus de publier les détails de leurs recettes issues de ressources naturelles

✓ La Vision minière pour l'Afrique adoptée par les chefs d'État ou de gouvernement lors du sommet de l'Union africaine de février 2009

✓ La déclaration finale d G-20, publiée le 6 Septembre 2013, dans laquelle les dirigeants mondiaux soutiennent l'initiative pour la transparence dans les industries extractives (ITIE).

B. LEGISLATION ETRANGERE

✓ General Mining Act de 1872 aux Etats-Unis d'Amérique

✓ Loi n° 2013-1005 du 12 nov. 2013 habilitant le Gouvernement à simplifier les relations entre l'administration et les citoyens en France, J.O. 13. nov. 2013, p. 18407.

✓ Code des relations entre le public et l'administration en France

✓ Code générale de la propriété des personnes publiques en France

✓ Résolution du Parlement européen du 26 Février 2014 sur la promotion du développement par des pratiques responsables dans les affaires, notamment en ce qui concerne le rôle des industries extractives dans les pays en développement (2013/2126)

✓ La déclaration du G8 de LOUGH Erne de Juin 2013, dans laquelle les Chefs d'Etat ou de gouvernement ont réaffirmé l'importance d'une gestion transparente et responsable des ressources naturelles et de leur chaine d'approvisionnement

INDEX ALPHABETIQUE

P

R

S

T

U

TABLE DES MATIERES

Structures éditoriales du groupe L'Harmattan

L'Harmattan Italie
Via degli Artisti, 15
10124 Torino
harmattan.italia@gmail.com

L'Harmattan Hongrie
Kossuth l. u. 14-16.
1053 Budapest
harmattan@harmattan.hu

L'Harmattan Sénégal
10 VDN en face Mermoz
BP 45034 Dakar-Fann
senharmattan@gmail.com

L'Harmattan Cameroun
TSINGA/FECAFOOT
BP 11486 Yaoundé
inkoukam@gmail.com

L'Harmattan Burkina Faso
Achille Somé – tengnule@hotmail.fr

L'Harmattan Guinée
Almamya, rue KA 028 OKB Agency
BP 3470 Conakry
harmattanguinee@yahoo.fr

L'Harmattan RDC
185, avenue Nyangwe
Commune de Lingwala – Kinshasa
matangilamusadila@yahoo.fr

L'Harmattan Congo
67, boulevard Denis-Sassou-N'Guesso
BP 2874 Brazzaville
harmattan.congo@yahoo.fr

L'Harmattan Mali
ACI 2000 - Immeuble Mgr Jean Marie Cisse
Bureau 10
BP 145 Bamako-Mali
mali@harmattan.fr

L'Harmattan Togo
Djidjole – Lomé
Maison Amela
face EPP BATOME
ddamela@aol.com

L'Harmattan Côte d'Ivoire
Résidence Karl – Cité des Arts
Abidjan-Cocody
03 BP 1588 Abidjan
espace_harmattan.ci@hotmail.fr

Nos librairies en France

Librairie internationale
16, rue des Écoles
75005 Paris
librairie.internationale@harmattan.fr
01 40 46 79 11
www.librairieharmattan.com

Librairie des savoirs
21, rue des Écoles
75005 Paris
librairie.sh@harmattan.fr
01 46 34 13 71
www.librairieharmattansh.com

Librairie Le Lucernaire
53, rue Notre-Dame-des-Champs
75006 Paris
librairie@lucernaire.fr
01 42 22 67 13

www.ingramcontent.com/pod-product-compliance
Lightning Source LLC
LaVergne TN
LVHW010940061026
849535LV00007B/2505
9782140269011